Collection QA **compact**

Les Neuf clés
de la modernité

Du même auteur

La Pensée politique de Gramsci, Paris, Éditions Anthropos, 1970, Montréal, Éditions Parti Pris, 1970 et VLB Éditeur, 1987.

Sur Lénine, Éditions Parti Pris, 1972.

Le Syndicalisme de combat, Éditions Albert St-Martin, 1977.

Marxisme et pays socialistes, VLB Éditeur, 1979.

Un parti pris politique, VLB Éditeur, 1979.

La communauté perdue, VLB Éditeur, 1987.

Sens et Politique, VLB Éditeur, 1990.

Les Grands Penseurs du monde occidental. L'éthique et la politique de Platon à nos jours, Fides, 1997, nouvelle édition revue et augmentée, 1999.

Du combat au partenariat. Interventions critiques sur le syndicalisme québécois, Éditions Nota bene, 1998.

Jean-Marc Piotte

Les Neuf clés
de la modernité

QUÉBEC AMÉRIQUE

Catalogage avant publication de Bibliothèque et Archives Canada

Piotte, Jean-Marc
Les neuf clés de la modernité
(Collection QA compact)
Publ. à l'origine dans la coll. : Essai. 2001.
Comprend des réf. bibliogr. et un index.

ISBN 978-2-7644-0258-0

1. Modernité. 2. Civilisation moderne et contemporaine. 3. Philosophie - 17e siècle. 4. Civilisation occidentale. 5. Religion et
civilisation. I. Titre.

CB357.P56 2007   909.08   C2003-940713-6

 Conseil des Arts   Canada Council
du Canada   for the Arts

Nous reconnaissons l'aide financière du gouvernement du Canada
par l'entremise du Programme d'aide au développement de l'industrie
de l'édition (PADIÉ) pour nos activités d'édition.

Gouvernement du Québec – Programme de crédit d'impôt pour
l'édition de livres – Gestion SODEC.

Les Éditions Québec Amérique bénéficient du programme de subvention
globale du Conseil des Arts du Canada. Elles tiennent également à
remercier la SODEC pour son appui financier.

Québec Amérique
329, rue de la Commune Ouest, 3e étage
Montréal (Québec) Canada H2Y 2E1
Téléphone : 514 499-3000, télécopieur : 514 499-3010

Dépôt légal : 1er trimestre 2007
Bibliothèque nationale du Québec
Bibliothèque nationale du Canada

Mise en pages : Andrée Vallée
Révision linguistique : Claude Frappier

© 2007 Éditions Québec Amérique inc.
www.quebec-amerique.com

Imprimé au Canada

À ma conjointe,
Marie Leahey,
pour son soutien
indéfectible.

INTRODUCTION

Les fondements culturels
de la modernité

D'où vient la modernité? Du siècle des Lumières?
Quels sont les fondements culturels de ladite modernité? Avant de consacrer à chacun de ces fondements un
chapitre, voici, en guise d'introduction, une présentation
sommaire des notions et de leur histoire.

Le monde occidental moderne se met en place, pour
l'essentiel, au XVIIᵉ siècle. Voici une proposition qui
nous éloigne sans nul doute des postmodernes qui, eux,
inscrivent son début au XVIIIᵉ siècle, au fameux siècle des
Lumières. C'est que, selon notre point de vue, la coupure
entre notre monde et celui des Anciens n'est reflétée avant
tout ni par Voltaire (1694-1778), ni par Diderot (1713-
1784) ou, encore moins, par Hegel (1770-1831), mais bel
et bien, à son origine, par Descartes (1596-1650), Hobbes
(1588-1679), Locke (1632-1704) et d'autres qui opposent
à la vision holiste des Anciens, où le tout détermine les
parties, la conception d'un univers fondé sur des individus
naturellement libres, égaux et rationnels.

Ce renversement de perspective, qui influencera les
siècles à venir, est précédé de deux événements qui ont
permis le passage du monde des Anciens à la modernité :
la Renaissance et la Réforme. Il vaut la peine de s'y
attarder pour comprendre la nature de la rupture.

LA RENAISSANCE ET LA RÉFORME

La Renaissance se développe, à la fin du XVe et au début du XVIe siècle, particulièrement à Florence, ville-État qui domine, avec Venise et d'autres, ce qui représente alors le commerce mondial. La famille Médicis, à l'origine une famille de tisserands, a fait fortune dans le commerce des tissus, puis s'est fait anoblir pour diriger ensuite la vie politique de Florence. Les Médicis créent ainsi un espace où des artistes et des créateurs remettent bientôt en question l'autorité et la tradition chrétiennes à la lumière des Anciens, grecs ou romains, auxquels on revient. La philosophie n'est plus, comme le voulaient saint Thomas d'Aquin (1224/1225-1274) et tant d'autres, la servante de la théologie : devenue autonome, elle remet en question la tradition au sein même de la tradition.

L'invention de l'imprimerie et la découverte du Nouveau Monde sont étroitement liées à ce renouveau. L'imprimerie rend théoriquement accessibles, à tous ceux qui savent lire, les manuscrits dont les clercs contrôlaient auparavant la lecture. La découverte d'un nouveau continent ébranle les certitudes de chacun, comme le ferait sans doute aujourd'hui la découverte d'une planète où vivraient des êtres différents, mais intelligents : on prend conscience tout à coup qu'il existe une terre immense, jusque-là inconnue, où vivent des individus auxquels les Européens attribuent, comme on le voit chez Montaigne (1533-1592), bien des vertus, dont la sagesse. Après tant de siècles de vérités, les Européens ne savent plus où finit l'imaginaire et où commence la réalité. Le doute s'installe à demeure.

Et puis, la Réforme brise l'unanimisme chrétien. Jusque-là, si on excepte la séparation entre l'Orient et l'Occident, le christianisme avait maintenu son homogénéité, Rome réussissant à vaincre tous les courants hérétiques et schismatiques. À cette époque, il n'y a qu'une vérité, celle des Saintes Écritures interprétées par le haut clergé. Personne n'a le droit à l'erreur. Un chrétien peut se tromper : l'autorité lui expliquera les causes de sa méprise. Mais si, après quelques admonestations, il se maintient dans l'erreur, il sera confié à l'autorité civile qui l'expédiera dans l'au-delà afin qu'il soit jugé par le Créateur. Or Luther (1483-1546) sapera les bases de ce pouvoir clérical en affirmant que chaque chrétien peut, lui-même, interpréter la Bible et entrer directement en communication avec Dieu, auprès de qui il peut se confesser, sans l'intermédiaire obligé de qui que ce soit. Le grand réformateur pose ainsi involontairement les fondations de ce que sera l'individu moderne.

La réforme de Luther se répand bientôt dans toute l'Europe, rendant impossible une solution autoritaire et militaire au nouveau schisme. Chaque chrétien est appelé à choisir entre son adhésion à Rome ou sa conversion à l'une ou l'autre des églises réformistes qui se mettent à pulluler. Des luttes religieuses divisent les chrétiens de diverses obédiences et donnent lieu à des massacres et à des guerres civiles. La tolérance, qui n'avait jamais été considérée comme une vertu, est mise de l'avant et proposée aux sujets divisés par des penseurs, parmi lesquels Montaigne et Bodin (1529/1530-1596). L'éclatement du christianisme, au sein même de l'Europe, crée ainsi l'espace où pourra se développer la liberté de conscience, puis la liberté d'expression, à la base de toutes les libertés modernes, qui rendront possible la création de la modernité.

LES NEUF IDÉES-FORCES
OU CLÉS DE LA MODERNITÉ

L'autorité politique ne vient plus de Dieu. Davantage : des individus, libres et égaux dans l'état de nature, auraient quitté celui-ci en fondant l'État. Telle est l'histoire que nous nous racontons, car l'état de nature, précédant l'émergence de l'État, n'est ni un fait, ni une hypothèse. C'est le mythe fondateur de la modernité. Que notre civilisation repose sur un mythe ne devrait pas nous étonner : toute civilisation renvoie à une origine fabuleuse. Le fondement du nôtre n'est pas plus rationnel que celui des autres, même si nous nous enorgueillissons de notre rationalité.

Dès le XVIIe siècle, les modernes partent donc de l'individu, que d'autres appelleront personne ou sujet, pour comprendre le monde. Pour les Anciens et les chrétiens du Moyen Âge, l'individu, dans la mesure où on s'y intéressait, était défini par sa place et sa fonction au sein d'une société. La démarche s'est donc bel et bien renversée. On a mis au point de départ ce qui était à l'arrivée. Voyons plus précisément quelles sont les idées que la philosophie moderne a développées sur cette base.

Première clé : l'individu est libre

La liberté n'était pas une vertu pour les Anciens. Lisez ou relisez Platon (427-348/347 av. J.-C.), Aristote (384-322 av. J.-C.), Cicéron (106-43 av. J.-C.), saint Augustin (354-430) ou saint Thomas d'Aquin : la liberté n'est pas chez eux une préoccupation centrale. Les modernes, qui essaieront d'y retrouver leur liberté, devront distinguer la liberté des Anciens de la liberté moderne, la liberté positive de la liberté négative. Pour Platon et Aristote, l'homme devait agir conformément à son essence d'homme. Pour les chrétiens, au Moyen Âge, la liberté résidait dans l'obéissance au Créateur. Pour un moderne, l'individu est libre de faire tout ce qu'il désire, pourvu qu'il ne contrevienne pas à la loi.

Deuxième clé : les individus sont égaux

Pour Hobbes (1588-1679), chez qui l'état de nature est un état de guerre où chaque individu lutte pour sa survie, il existe une égalité fondamentale, même entre la femme et l'homme, dont elle est la partenaire, généralement plus faible physiquement. La femme peut évidemment s'unir avec d'autres personnes ou utiliser la ruse (un peu d'arsenic dans la tasse de thé quotidienne du mari !) pour vaincre celui qui semble, au point de départ, plus fort. L'univers des Anciens, lui, était foncièrement hiérarchique. Pour Aristote, tout homme est un animal rationnel, mais certains le sont plus que d'autres : les hommes plus que les femmes, les Grecs plus que les barbares, les aristocrates plus que les paysans ou les artisans. Dieu, pour un chrétien, ne s'intéresse qu'à l'âme de chacun, indépendamment de son origine sociale. Mais, ici-bas, le chrétien doit respecter les hiérarchies sociales, sources d'harmonie. Les Anciens distinguaient l'égalité arithmétique (1 = 1) de l'égalité proportionnelle pour célébrer celle-ci au détriment de celle-là : les individus n'étaient égaux que proportionnellement à leurs origines, leurs talents, leurs mérites...

L'individu est également doté de raison. Seul dans une pièce chauffée, Descartes (1596-1650) reconstitue l'ordre de l'univers, en suivant l'ordre des raisons. Chaque être humain pourrait, dit-il, entreprendre une démarche semblable. Il ne faut pas se fier aux sens, aux préjugés, à la tradition ou aux autorités spirituelles : chacun sera par la suite appelé à faire *tabula rasa* des idées transmises et à utiliser sa propre raison pour départager ce qui est vrai de ce qui est faux.

Troisième clé : la raison au service de la passion

La raison n'est pas opposée aux passions, comme le bien l'est au mal. Au contraire, sauf chez certains, dont Descartes, la passion est à la fois le moteur et la fin de l'action, la raison ne jouant qu'un rôle instrumental. Ce développement de la raison instrumentale et sa subordination à la passion sont une des marques de la modernité. Ainsi, pour Hobbes, l'homme, dans l'état de nature, est animé par la crainte de se faire tuer : la raison dictera à chacun les meilleurs moyens de réagir à cette crainte et d'assurer sa propre survie. Et c'est cette même raison qui le convaincra de quitter l'état de nature, en remettant ses libertés aux mains de l'État, seule instance apte à effrayer suffisamment les individus pour modeler leur volonté en vue d'assurer un climat de paix durable.

Les modernes n'opposent donc plus la rationalité de l'homme à son animalité. La prédominance des vertus intellectuelles et morales chez les aristocrates ou la sainteté chez les chrétiens ne sont plus l'aune pour juger de la turpitude de la majorité. Chaque être humain a des besoins qu'il cherche à satisfaire en accumulant des biens. L'homme est mû par le plaisir, l'intérêt, dont la mesure est l'argent. La morale de l'artisan et du commerçant, condamnée par les Anciens et les théologiens du Moyen Âge, devient l'éthique de la modernité. La valeur, dont l'origine est économique, remplace la vertu pour désigner le bien.

Pour les stoïciens, l'homme, par sa raison, participait au *logos* qui animait l'univers. Pour un théologien du Moyen Âge, l'homme participait à l'œuvre de Dieu, en dominant la nature. Cette domination – s'exerçant par la cueillette, la prédation, la domestication de certains animaux et la culture du sol – est fort différente de la domination technologique moderne. Le chrétien rendait hommage à Dieu pour lui avoir donné une nature si généreuse ; l'homme moderne se congratule de son être prométhéen. Pour les modernes, la valeur d'un produit ne provient pas de son appartenance à la nature créée par Dieu : le travail, comme l'explique si bien Locke (1632-1704), détermine la valeur d'un produit. La nature n'est plus que la matière première des activités productrices de l'homme qui conteste Dieu dans son rôle de démiurge.

Quatrième clé : le travail plutôt que la sagesse, l'honneur ou la prière

Le travail était, pour les Grecs, une nécessité qu'il était préférable de laisser aux esclaves et aux métèques ; pour les chrétiens, au Moyen Âge, il était, comme la maladie et la mort, une des conséquences du péché originel, une punition. Avec le capitalisme, le travail est devenu une valeur centrale qui s'est substituée à la sagesse des Anciens, à l'honneur aristocratique et à la prière des chrétiens.

Cinquième clé : l'amour et non la reproduction

La famille, dans l'Antiquité et au Moyen Âge, avait une fonction de production et de reproduction. Les familles consommaient en grande partie ce qu'elles produisaient et la présence d'enfants mâles était un signe de prospérité. Les mariages avaient peu à voir avec les sentiments et les parents, plus au fait des choses de la vie, les organisaient en fonction du bien-être de la famille élargie. Le marché détruit l'unité productive de la famille en intégrant chaque individu à sa logique. La famille, désagrégée économiquement par le marché, sera désinvestie par chaque sujet maintenant appelé à chérir sa liberté dans la satisfaction de ses propres désirs. Les modernes se marient par amour et divorcent lorsqu'il disparaît. Cette prédominance du désir amoureux sur la reproduction s'instaurera au sein de la modernité.

Sixième clé : le marché plutôt que la communauté

La société est coincée entre le marché et l'État, entre l'enclume et le marteau. Désormais, chacun est également libre de vendre ou d'acheter sur un marché en pleine expansion qui transforme tout, y compris la force de travail, en marchandise. La solidarité communautaire est remplacée par les rapports marchands et par les lois de l'État. L'État croît avec le marché, en brisant les liens communautaires qui entravent le développement de la production marchande, mais aussi et paradoxalement, en protégeant les êtres humains contre la logique unidimensionnelle du profit. Les lois prolifèrent avec le marché, participant à la destruction des solidarités communautaires qu'elles cherchent à compenser. L'atomisation sociale ou, en d'autres mots, l'individualisme lié à l'extension du marché et à la croissance de l'État, voilà ce qui contribue à faire la modernité.

Septième clé : un nouveau type d'État
ou la démocratie représentative

La démocratie moderne, l'État devant représenter la nation, le peuple ou les individus libres et égaux, n'a pas de contrepartie chez les Anciens. Chez les Grecs, la démocratie signifiait pouvoir exercé directement par le peuple, tandis que les élections étaient perçues comme la forme de gouvernement propre à l'aristocratie et n'étaient utilisées par les démocrates athéniens que comme pis-aller, lorsque des raisons d'efficacité les imposaient. L'État représentatif, posé comme démocratie, devient la norme de la modernité.

Huitième clé : la nation plutôt que la religion

De la période grecque à la fin du Moyen Âge, certaines constantes du phénomène politique se remarquent. L'État est, chez les Grecs, l'organisation politique d'une communauté (*polis*) tandis que l'empire romain et les royautés chrétiennes regrouperont des communautés dont le mode de vie sera respecté. L'organisation politique est indissociable d'une religion qui lui assure sa cohésion sociale. Les relations interétatiques, depuis la Grèce, ne peuvent être comprises hors des empires. Toute cette vision politique sera remise en question avec la modernité. La nation s'élèvera sur l'intégration des communautés à l'État et sur leur progressive dissolution. Elle tendra à se substituer à la religion comme élément de cohésion sociale. Les relations entre États-nations, vus comme des entités séparées et conflictuelles, influenceront les relations inter-*nationales*. L'avènement de la nation est un fait politique et culturel majeur de la modernité.

Neuvième clé : la religion, affaire privée

La religion, qui avait été, jusqu'à la modernité, le principal élément de cohésion sociale, est reléguée à la sphère privée et perd peu à peu sa capacité d'orienter les sociétés industrialisées. La majorité se réfère toujours à un univers sacré, mais cet univers ne semble plus avoir prise sur la vie quotidienne des gens, accaparée par des préoccupations terre à terre. Cette privatisation de l'univers religieux est la neuvième et dernière clé de la modernité.

Comme on le voit, chacune des clés ou idées-forces présentées nécessite, de par la richesse des corrélations mises au jour, un examen plus approfondi.

MODERNITÉ, PRÉMODERNITÉ ET CONTEMPORANÉITÉ

Les éléments constitutifs de la modernité peuvent évidemment trouver leur origine dans les siècles antérieurs. Ainsi la liberté s'expérimente dans la civilisation grecque, l'idée d'égalité est comprise dans la conception chrétienne des âmes individuelles soumises au regard de Dieu, etc. Mais chacun de ces éléments prend, à partir du XVIIe siècle et dans les siècles subséquents, un sens et une extension qui le distinguent de ce qu'il fut à l'origine. De plus, la configuration de l'ensemble des éléments, qui constitue la modernité, est nouvelle et sans précédent.

Je ne m'intéresserai pas ici à la question essentielle des origines, de la filiation, de la généalogie ou de l'histoire. Je vais, à des fins didactiques, insister sur ce qui différencie les éléments de la modernité de ce qui les a précédés, afin de bien éclairer leur nouveauté. Le nouveau ne constitue pas nécessairement un progrès. On pourrait même affirmer l'ambivalence de tout changement, toute création impliquant nécessairement la destruction d'éléments dont certains étaient bénéfiques. Comme toutes les autres avant elle, la configuration idéologique moderne va disparaître un jour, mais je n'ai pas la prétention de prédire ce qui succédera à la modernité, ni quand cela adviendra.

On ne doit donc pas non plus chercher dans les chapitres qui suivent un précis d'histoire. Je contextualise parfois pour les auteurs que j'utilise et je fais quelquefois appel à des faits économiques ou politiques. Mais mon objectif n'est pas d'expliquer comment notre monde s'est construit, il est de proposer une lecture intégrée des principaux auteurs qui ont jalonné l'histoire des idées politiques et éthiques du monde occidental. Cette lecture permettra, je l'espère, de mieux comprendre le monde qui est le nôtre, en dégageant les articulations, la portée et les limites de ses fondations culturelles.

Les valeurs présentées ne sont pas les seules, certaines de ces clés ou idées-forces sont contestées et certains piliers culturels de la modernité sont lézardés. On ne vit pas dans un monde culturellement homogène. Un tel monde n'a d'ailleurs jamais existé. Certaines valeurs réfractaires à la modernité nous viennent du passé. Ainsi la compassion, qui émane de la charité chrétienne, est toujours présente et combat l'individualisme égoïste. D'autres, comme les valeurs écologiques, réagissent à l'instrumentalisation de la nature, à sa réduction à un simple moyen au service de l'activité productive humaine. Des conceptions autres de la liberté s'opposent à celle qui prévaut et qui limite la liberté à la satisfaction des besoins et des désirs compatibles avec les lois. Mon livre n'a pas pour objectif de présenter la complexité de l'univers culturel contemporain. Il se contente de décrire, en les opposant à celles des Anciens, les principales clés ou idées-forces de la modernité, description qui permettra, je l'espère, de mieux apprécier et évaluer les débats culturels contemporains.

En guise de conclusion provisoire, je présente les positions d'un de ces penseurs qui affrontent les problèmes culturels contemporains, cherchent à les comprendre et tracent des voies de sortie face aux impasses culturelles : le philosophe québécois et canadien Charles Taylor. Qu'on partage les convictions de Taylor ou qu'on soit en désaccord avec lui, dans l'un et l'autre cas on ne peut qu'admirer la profondeur de sa réflexion, se réjouir de la subtilité de son argumentation et respecter l'espoir qui l'anime.

I

L'INDIVIDU LIBRE

L a liberté semble être constitutive de la nature humaine. Elle renverrait à ce qui serait sacré dans l'être humain. Pour les plus lettrés, elle serait le fleuron le plus prestigieux de la civilisation occidentale, qui aurait révélé à l'humanité sa véritable nature. Cette notion, peu présente ailleurs, n'acquiert pourtant son sens et son extension qu'au XVIIe siècle. C'est à partir de ce siècle qu'en Europe de l'Ouest, elle se développe et devient centrale. Elle détermine maintenant si profondément notre compréhension de l'homme qu'il nous est difficile d'admettre que la majorité des êtres humains ont vécu sans révérer ce qui est devenu sacré pour l'homme occidental depuis la modernité. D'où vient donc cette idée de liberté?

LA CIVILISATION GRECQUE
OU L'AUTARCIE FACE AUX DÉSIRS

La liberté de penser existe évidemment à Athènes où ont philosophé Socrate (470-399 av. J.-C.), Platon, Aristote... La liberté d'expression est pratiquée ouvertement dans l'agora de la démocratie athénienne. Mais ces deux libertés, guère formalisées, ne constituent pas des droits de l'individu, droits qu'il pourrait opposer à la communauté ou (*polis*). Aussi Socrate, accusé de corrompre la jeunesse en attaquant les dieux, est condamné à mort sous un régime où le peuple exerce directement le pouvoir (la démocratie athénienne). Il refuse l'exil que lui offrent des amis : il préfère mourir plutôt que de vivre ses dernières années parmi les barbares, les non-Grecs. Avant de boire la ciguë, il discute sereinement de philosophie, sans condamner l'injustice à laquelle il est soumis.

Le comportement de Socrate nous stupéfie : son monde nous demeure étranger. Les Grecs constituent à Athènes une petite communauté qui, à l'intérieur, domine des milliers d'esclaves et qui, à l'extérieur, exerce un empire lucratif sur les peuples environnants. Cette communauté, quel que soit son régime politique (démocratique, aristocratique, oligarchique...), est, comme toute communauté, homogène. La communauté ne se fonde pas sur les individus dont elle serait le résultat. La communauté organise les familles et les individus, en leur assignant des places et des fonctions. Le Grec est libre parce que sa communauté est libre, étant dotée d'une Cité régie par des lois. Le Grec est libre parce que sa communauté n'est pas dominée par les peuples barbares qui l'environnent. Le Grec est libre de disposer de son propre corps, de posséder des biens et de fonder une famille parce que l'organisation politique de sa communauté le protège de l'esclavage. La liberté du Grec n'est pas une caractéristique de l'individu : elle lui vient de son appartenance à une communauté politiquement autonome. Socrate ne renonce donc pas à sa liberté en se soumettant aux lois de la Cité, car ces lois font sa liberté.

Épicure (341/342-270 av. J.-C.), comme d'ailleurs les stoïciens, semble plus proche de notre conception de la liberté que Socrate. Il vit dans une Athènes qui a perdu beaucoup de son autonomie aux mains des généraux d'Alexandre le Grand (356-323 av. J.-C.), appelés les fameux diadoques qui, après sa mort, se disputent son empire. Épicure, contrairement à un Platon ou à un Aristote, ne pense plus sa vie au sein de la Cité qu'il désinvestit. Il se retire dans son jardin, sur son bout de terre, avec des amis. Sa sécurité n'est plus liée à l'État dont il respecte les lois pour ne pas être inquiété, mais à la vie commune avec des amis.

Épicure recherche le plaisir, défini négativement par l'absence de douleur dans le corps (l'*aporia*) et l'absence de trouble dans l'âme (l'ataraxie). Ce plaisir ne peut être obtenu de façon durable que si on devient autarcique face à la multiplicité et la voracité des désirs. Épicure distingue trois types de désirs : les désirs naturels et nécessaires, les désirs naturels mais non nécessaires et, enfin, les désirs vains.

Comme tout animal, nous devons manger et boire pour satisfaire les besoins de notre corps. Comme animal sans fourrure et sans carapace, nous devons, par des vêtements et des abris, nous protéger du froid, des intempéries et des attaques des autres animaux carnivores. Comme homme, nous avons besoin de la philosophie, qui nous enseigne comment vivre pour être heureux, et de l'amitié, qui nous protège contre l'insécurité. Ces besoins ou désirs sont naturels et nécessaires. Leur satisfaction assure l'autarcie indispensable à toute vie heureuse.

Les désirs naturels non nécessaires apportent au corps un plaisir, sans que leur non-satisfaction entraîne une douleur. Un croûton de pain et un verre d'eau produisent nécessairement du plaisir, en supprimant la douleur de la faim et de la soif. Des mets raffinés et un bon verre de vin peuvent, en plus, satisfaire les papilles gustatives, mais ils ne sont pas nécessaires à une vie heureuse. Le sage épicurien fonde sa vie sur les désirs naturels et nécessaires, qui sont relativement faciles à combler. Il apprécie aussi, lorsqu'elle se présente, la satisfaction des désirs naturels non nécessaires, tout en demeurant autonome, autarcique, face à ces désirs plus difficiles à satisfaire. Les plaisirs esthétiques et sexuels relèvent, pour Épicure, de ces désirs naturels non nécessaires.

Les désirs vains sont par nature insatiables. L'immortalité est un désir irréalisable : l'âme, comme le corps, est mortelle. Le désir de richesse est aussi un désir vain, un désir qu'aucun bien n'arrivera jamais à assouvir. La passion amoureuse, à distinguer du désir sexuel, fait aussi partie des désirs vains, car elle engendre nécessairement plus de douleurs que de jouissances. La gloire est aussi un désir vain, dans la mesure où elle entraîne, face aux autres hommes et au hasard dont elle nous rend dépendants, plus de craintes et d'inquiétudes que de sécurité.

Les désirs naturels et nécessaires sont des désirs limités dont la nature assure assez facilement la satisfaction. Ainsi la soif peut être satisfaite par une certaine quantité d'eau. Au contraire, les désirs vains sont des désirs illimités de l'âme qui apportent inquiétudes et craintes au lieu de la paix, de l'ataraxie. Le sage épicurien préfère les plaisirs simples et naturels du présent à la folle poursuite des objets des désirs illimités.

La sagesse épicurienne enseigne le respect des désirs naturels et nécessaires, la régulation des désirs naturels non nécessaires et le refus des désirs vains. Cette sagesse, cette vie entourée d'amis partageant la même philosophie, conduit à l'*autarkeia*, l'autarcie, condition indispensable à l'ataraxie, à la paix de l'âme.

On peut bien nommer liberté cette autarcie épicurienne, mais à condition de reconnaître qu'elle a peu à voir avec la liberté contemporaine, centrée sur la satisfaction des désirs nécessaires, non nécessaires ou vains de chacun.

Les stoïciens recherchaient également l'autarcie et la sérénité de l'âme, mais en soumettant tout ce qui était animal dans l'homme, plaisirs comme douleurs, au joug de la raison. Pour les Grecs de cette période, l'opposition entre épicurisme et stoïcisme était tranchée, radicale et insurmontable. Pour les hédonistes que nous sommes, cette opposition apparaît comme une simple vue de l'esprit, tant les épicuriens ressemblent aux stoïciens dans leur volonté de dominer leurs désirs. Cette perception différente et contrastée, entre les Grecs et nous, n'est qu'un indice supplémentaire que leur *autarkeia* a fort peu de connivence avec la liberté que nous valorisons.

Mais notre conception de la liberté, si elle ne provient pas du monde grec, serait-elle le fruit du judéo-christianisme? Peut-on retrouver là les fondements de notre liberté?

LE CHRISTIANISME
OU L'ESCLAVAGE DU PÉCHÉ

Pour saint Augustin, les hommes, depuis la Chute, sont devenus esclaves du péché, ne peuvent choisir qu'entre deux fautes et sont incapables de choisir, par eux-mêmes, le bien. Paraphrasant saint Paul, il affirme que l'âme est l'enjeu d'une lutte entre deux volontés, l'une animée par la passion des choses terrestres, l'autre par l'amour de Dieu. Celui-ci ne peut vaincre la volonté pervertie par les passions, sans l'intervention de la grâce par laquelle Dieu nous choisit.

Saint Augustin critique impitoyablement les stoïciens qui croyaient pouvoir dominer les passions par une volonté soumise à la raison. Ce sont des orgueilleux qui n'ont pas compris la grande vertu de l'humilité de la créature devant son Créateur. La liberté ne réside pas dans l'autarcie du sage stoïcien face aux passions; elle advient lorsqu'un individu choisit Dieu et est choisi par Lui pour s'y soumettre.

La liberté ne réside pas davantage dans la Cité ou l'État qui nous rendrait libres, en nous faisant citoyens. La Cité des hommes est régie par les passions (désir de la richesse, désir de dominer et désir des plaisirs charnels) et ne saurait être guidée par la raison. Depuis la Chute, l'homme, dit saint Augustin, est dominé par l'homme. Cette domination n'est pas seulement une punition, mais aussi un remède à la nature pervertie de l'homme. Sans elle, il n'y aurait pas d'ordre, de paix et d'harmonie; chacun, mû par ses passions, entrerait en lutte avec les autres et créerait du désordre. Tout pouvoir vient de Dieu : le chrétien doit obéir à ses dirigeants, même s'ils sont des tyrans. L'authentique chrétien non seulement s'assujettit aux dirigeants, mais il doit les aimer dans la mesure où, à travers eux, c'est à Dieu qu'il obéit, c'est Dieu qu'il aime. Tout ce qui arrive sur terre – dirigeant tyrannique ou bienveillant, événement heureux ou malheureux – entre dans l'économie générale de la Providence. Le chrétien se soumet aux aléas bons ou mauvais de la vie, car ils sont voulus par Dieu.

Saint Augustin relit les philosophes grecs et romains à la lumière de la Bible, des évangiles et de ses prédécesseurs chrétiens, dont saint Paul. La raison peut éclairer la foi, mais celle-ci dicte la vérité. Que faire de ceux qui ne la reconnaissent pas? Saint Augustin distingue les hérétiques et schismatiques des juifs. Face aux premiers, il affirme, dans sa jeunesse, qu'il faut se fier à la persuasion, appuyée par la grâce de Dieu, et ne pas recourir à la coercition. Plus tard, il fait appel au pouvoir coercitif de l'État impérial pour combattre ses frères ennemis par des amendes, la confiscation des biens, l'emprisonnement ou l'exil. La coercition ne rend personne vertueux, la vertu relevant de la volonté guidée par la grâce. Mais en forçant les hérétiques et les schismatiques à renoncer à leurs erreurs par crainte des sanctions de l'État, la coercition les oriente vers la vraie Église où ils pourront entendre la vraie parole de Dieu.

Le christianisme est issu du peuple juif, premier peuple monothéiste, qui est aussi le conservateur des livres sacrés et l'annonciateur du Messie. Comment expliquer que ce peuple, dont saint Augustin reconnaît le caractère exceptionnel, résiste à l'expansion chrétienne ? Les juifs, dont le refus de reconnaître le caractère messianique du Christ conduit à son assassinat, auraient mérité de disparaître comme peuple. Mais Dieu, dans sa Providence, a voulu que le peuple juif persévère dans ses erreurs et dans l'histoire pour témoigner du caractère divin de l'Église. On ne peut accuser les chrétiens d'avoir fabriqué les livres sacrés et d'avoir inventé les prophéties qui annoncent, entre autres, la venue du Messie : leurs pires ennemis, les juifs, témoignent de l'ancienneté des prophéties et des livres saints. Le peuple juif, par son maintien même, témoigne de la vérité du christianisme.

Saint Thomas d'Aquin, huit siècles après saint Augustin, à l'apogée du Moyen Âge, repense l'ensemble de la tradition chrétienne à la lumière d'Aristote. La philosophie est revalorisée et conquiert une certaine autonomie face à la théologie, même si elle en demeure la servante. Aussi, contrairement à saint Augustin, Thomas d'Aquin croit que l'homme peut, par sa propre volonté, dominer ses passions et les soumettre à la raison. Il peut se libérer de ses désirs et devenir autarcique. Les vertus cardinales (prudence, justice, force ou courage et tempérance), qui rendent libre l'homme naturel, sont cependant subordonnées, pour un chrétien, aux vertus théologales (charité, espérance et foi) qui, elles, viennent de Dieu.

Cette volonté, cette capacité de dominer les passions est, comme chez Aristote, l'attribut des gens bien nés et bien éduqués, des aristocrates. Seule une minorité peut être réellement vertueuse. La loi, le droit civil, a pour fonction de contraindre la multitude au respect de l'ordre social, dont le bien commun requiert des dirigeants prudents, justes, forts et tempérants et des dirigés dont la vertu nécessaire est l'obéissance.

La vérité demeure une et sa défense, chez Thomas d'Aquin, devient plus implacable que chez saint Augustin contre ceux qui l'ignorent ou la rejettent. Parmi les porteurs de faussetés, d'illusions ou de mensonges, saint Thomas distingue les païens (ceux qui, tels que les Sarrasins ou musulmans, n'ont pas reçu la foi), les hérétiques (ils ont connu la foi, mais s'y opposent) et les juifs (ils préfigurent la vérité de l'Ancien Testament qu'ils interprètent mal).

La faute des hérétiques est la plus grave. Comment peut-on s'éloigner de la vérité après l'avoir connue? Le chrétien n'a pas le droit à l'erreur. Il peut se tromper. L'autorité ecclésiastique l'avertira qu'il s'est fourvoyé. S'il admet son erreur, se confesse et se repent, il sera pardonné. S'il retombe plus d'une fois dans l'hérésie après l'avoir abjurée, s'il est plus d'une fois relaps, il sera excommunié, abandonné au jugement séculier, qui le tuera afin qu'il ne contamine pas d'autres chrétiens.

On ne peut contraindre à croire ceux qui n'ont jamais reçu la foi : il faut les persuader. La peine de mort n'est utilisée contre les païens, comme d'ailleurs les juifs, que s'ils entravent la foi chrétienne par des persécutions, des mauvaises suggestions ou des blasphèmes. Les rites des païens, comme ceux des musulmans, étant faux et inutiles, ne doivent pas, en règle générale, être tolérés. On peut discuter avec les infidèles, si on est compétent en la matière, si on connaît la théologie, si on est membre du clergé. Mais celui-ci ne doit le faire que si le doute a été semé chez des croyants par les arguments d'infidèles. Sinon, il faut s'en abstenir, car la foi des gens simples est forte de n'avoir rien connu d'autre. Les chrétiens ne doivent pas fréquenter des infidèles. Les excommuniés sont exclus de la communauté pour punir les uns et protéger l'autre. Les chrétiens doivent, sauf en cas de nécessité, éviter les juifs. Thomas d'Aquin partage les positions du quatrième concile de Latran (1215) : les juifs doivent porter un signe distinctif (un chapeau conique dans les pays germaniques et un disque jaune cousu sur les vêtements dans les pays latins) afin qu'ils soient facilement reconnus et évités.

Saint Thomas reprend la position de saint Augustin sur les juifs : leur existence même témoigne de la vérité du christianisme. Il faut donc tolérer leur culte qui manifeste, malgré eux, la vérité du christianisme. Cependant le juif, comme tout infidèle, ne peut être citoyen : seul le chrétien a ce privilège. Le juif, déicide et ennemi de la foi chrétienne, est aussi un ennemi de l'ordre social. Aussi l'accès aux fonctions publiques, aux professions libérales et à la propriété immobilière est interdit aux juifs, dont le troisième concile de Latran (1177) a proclamé la servitude perpétuelle en raison de leurs crimes. L'activité économique des juifs est ainsi limitée au commerce et aux prêts. Les chrétiens, même s'ils doivent parfois emprunter, ne peuvent, en règle générale, pratiquer le prêt avec intérêt qui est considéré comme un vol, un péché. L'identité du juif est alors réduite, par les chrétiens, à celle d'usurier, de voleur, auquel ils doivent malheureusement avoir recours en cas de nécessité. Ainsi Thomas d'Aquin affirmera qu'il est juste de taxer particulièrement les juifs pour les contraindre à rembourser l'argent volé aux chrétiens par le prêt, par l'usure.

L'INDIVIDU : UN ÊTRE LIBRE

Thomas Hobbes est formé dans l'esprit médiéval à l'Université d'Oxford, mais il se démarque rapidement de ses maîtres, en s'appuyant sur Descartes et sur l'école du Droit naturel. Descartes, isolé dans un poêle (une pièce chauffée), fait table rase de l'ensemble des croyances du passé et repense le monde. La vérité ne loge pas dans les traditions et n'est pas l'apanage des autorités religieuses ou philosophiques : chaque individu peut, grâce à sa raison et en s'appuyant sur la méthode géométrique, découvrir la vérité. L'école du Droit naturel, s'opposant à la conception qui affirmait que toute autorité était d'origine divine, déclare que tout pouvoir politique est la création d'individus libres et égaux.

Il y aurait, avant la morale, la loi et l'État, un état naturel où les hommes seraient libres, égaux et rationnels. La morale, la loi et l'État ne font pas partie, au sens strict, de la nature humaine. L'homme n'est pas, contrairement à ce qu'affirmait Aristote, un être social. La morale, la société, la loi et la politique sont des créations de l'homme, des fruits de son art. Elles ne sont pas naturelles : elles sont artificielles.

Dans ce mythique état de nature, n'existent que des individus. Ceux-ci ne peuvent être compris à partir d'une totalité, fût-elle la société, le cosmos ou le Créateur. Au contraire, la totalité doit être comprise à partir de l'individu libre et égal, qui devient le fondement ontologique de toute société.

À l'état naturel, chaque individu est mû par les passions qui sont les mêmes pour tous et qui ne diffèrent, chez les individus, que par leur degré d'intensité et par leur objet de prédilection. La passion du pouvoir est la principale passion pour Hobbes, et toutes les autres s'y ramènent. La passion des richesses se manifeste par le pouvoir exercé sur les moyens de satisfaire nos multiples désirs. La curiosité, la passion de connaître, est aussi un instrument de pouvoir sur les choses et sur les êtres. L'honneur est la passion pour toute possession, action ou qualité qui est la preuve du pouvoir ou son signe.

L'individu est animé par un désir perpétuel d'acquérir du pouvoir. Ce désir le met en concurrence avec les autres, qui désirent eux aussi plus de pouvoir. Ce désir insatiable résulte moins de l'espoir d'un plaisir plus intense ou de l'impossibilité de se satisfaire d'un pouvoir modéré que d'un besoin de sécurité : acquérir davantage de pouvoir est le seul moyen de préserver ce qui est déjà acquis de la convoitise des autres. La concurrence pour les richesses et les honneurs suscite le désir de repousser l'autre, de l'évincer, de l'assujettir, voire de l'éliminer. L'honneur, la méfiance de la convoitise d'autrui et la lutte en vue du profit engendrent la violence pour se rendre maître d'autres hommes, de leurs femmes, de leurs enfants et de leurs biens.

Dans l'état de nature, chaque individu est libre de poursuivre l'objet de ses passions et d'acquérir tous les pouvoirs pour préserver sa vie de la convoitise des autres. La raison n'a plus, comme chez les Anciens, la fonction de déterminer la finalité de chaque catégorie d'être ; la raison est au service des passions de chaque individu : elle est instrumentale.

D'autres auteurs nuanceront le portrait de l'état de nature tracé par Hobbes. Spinoza (1632-1677) affirmera que certains individus peuvent, dans l'état de nature, être sages, même si la multitude est animée par diverses passions que Spinoza refuse de ramener à la passion du pouvoir et à la crainte de mourir. John Locke, en fervent chrétien, y introduira la loi de la nature selon laquelle chacun doit, non seulement protéger sa vie, mais aussi celle des autres. Jean-Jacques Rousseau (1712-1778) proclamera que l'homme naturel protège sa vie et poursuit son propre bien-être, tout en manifestant de la pitié envers ses semblables. Mais ces nuances ne sauraient masquer qu'est à l'œuvre, chez ces divers auteurs, une conception de la liberté, radicalement nouvelle, qui a peu de rapports avec les conceptions des Anciens ou des chrétiens du Moyen Âge.

Pour Aristote, comme pour les Anciens, il y avait les exigences de l'âme et les besoins du corps. Ceux-ci ne nous distinguaient guère des animaux. Aussi Aristote plaçait-il, au bas de l'échelle sociale, les artisans, centrés sur la satisfaction des besoins physiques, et, à un niveau encore inférieur, les commerçants, happés par la richesse, simple moyen de cette satisfaction. Saint Augustin et, de façon moins radicale, Thomas d'Aquin reprendront à leur compte cette hiérarchie. Même Épicure, qui n'opposait pas l'âme au corps, recherchait l'autarcie par rapport aux désirs. L'individu de l'état de nature ne recherche ni l'autarcie, ni la domination de la raison sur les désirs ou la subordination des passions à l'amour de Dieu. L'individu naturel, homme de besoins, de désirs et de passions, est libre dans la poursuite rationnelle des moyens de les satisfaire et, sans doute, dans le choix des objets de ses passions.

Un Grec se sentait libre, en tant que membre d'une communauté indépendante et autarcique. Il était libre, comme partie d'une communauté dont le fonctionnement était structuré par des traditions, des lois et un État. L'individu *naturel* des modernes est libre parce qu'il n'est soumis à aucune loi et à aucun État. Il est libre parce que son seul guide est sa propre raison au service de ses passions. Il est libre parce que, comme Robinson Crusoé, il ne dépend de personne, même s'il a un Vendredi à son service.

Pour Platon et Aristote, l'être de l'homme se définit par la raison et sa vertu principale est la sagesse. Évidemment, seuls les gens bien nés, les aristocrates, peuvent devenir sages et être des hommes authentiques. Pour un chrétien, l'être de l'homme est son âme et sa vertu principale est l'amour de Dieu et de son prochain. Seuls les saints peuvent aimer Dieu inconditionnellement et l'autre comme image de Dieu, quoique chaque chrétien soit appelé à la sainteté. Pour un moderne, le fondement ontologique de l'homme est la liberté de l'individu de faire ce qu'il désire.

Pourtant, les individus libres, égaux et rationnels quittent cet état naturel et anarchique lorsque, par consentement mutuel, ils fondent l'État. Pourquoi le fondent-ils et comment s'y retrouvent-ils?

L'ÉTAT ET LES LIBERTÉS

Pour Hobbes, dans l'état de nature, chacun est en lutte contre les autres, chacun est en guerre contre chacun, chacun est un loup pour l'autre. Le monde est une jungle. La guerre ne consiste pas seulement dans l'affrontement violent, mais résulte de la situation où la tranquillité n'est jamais donnée, où l'individu doit se prémunir contre des agressions éventuelles d'un plus fort ou d'un plus rusé. La paix, elle, se vit dans l'assurance que la violence d'autrui n'est pas à craindre. Toute autre situation, même si aucune violence ne s'extériorise, est une situation de guerre.

La passion de la conquête et de la domination pousse à la guerre. Mais la crainte de la mort provoquée par autrui ou sa contrepartie, le désir de sa propre conservation, est la passion qui incline vers la paix. La raison, s'appuyant sur cette passion, convainc l'homme que les biens peuvent être acquis plus efficacement par le travail et l'industrie que par la guerre, que la paix est la condition indispensable à la jouissance de ces acquisitions et que la passion de connaître implique des loisirs à l'abri de l'insécurité.

La raison peut donc convaincre chaque individu de rechercher la paix, tant qu'il y a un espoir de l'obtenir. Ce devoir, première loi morale découverte par la raison, limite la liberté naturelle. La seconde, qui découle de ce premier devoir, et nouvelle limite à la liberté, implique qu'on ne fasse pas à autrui ce qu'on ne voudrait pas qu'il nous fasse. Cette deuxième loi exige la réciprocité, une confiance mutuelle. Car si je crains que l'autre attente à ma vie, je retombe dans l'état de nature et reprends mon droit d'utiliser tous les moyens pour la préserver.

Comment être assuré que l'autre ne me fera pas ce qu'il ne voudrait pas que je lui fasse? Comment être certain que la promesse donnée n'est pas une ruse par laquelle l'autre me piège? La confiance réciproque devient un marché de dupes, sauf s'il existe un pouvoir établi dont la force suscite une crainte suffisante pour contraindre les individus au respect de leurs devoirs les uns envers les autres. Cette force est l'État, auquel les individus doivent transférer les libertés et les pouvoirs dont ils jouissaient dans l'état de nature, de sorte que cette instance souveraine soit apte à inspirer la frayeur aux individus et à modeler leur volonté, en vue d'assurer la paix à l'intérieur et leur unité contre les ennemis extérieurs. Cet État ainsi formé a un objectif strictement utilitaire, centré sur la protection de la vie d'individus séparés par leurs intérêts : il est une police de protection pour la vie, la propriété privée et le respect des contrats d'une multitude d'individus concurrents.

Le pouvoir souverain, résultat du pacte entre individus, ne peut en être une partie constituante. Il n'est pas limité dans ses actions et a tous les pouvoirs. Quelle est alors la liberté du sujet face à l'État auquel il s'est assujetti légalement et moralement?

L'individu transmet tous ses droits à l'État pour protéger sa vie : le motif du renoncement à ses droits trace la limite de son assujettissement. L'individu ne peut renoncer à la liberté ontologique de protéger sa vie. L'individu affamé peut, comme chez Thomas d'Aquin, voler pour se maintenir en vie. L'individu peut résister à l'État qui le condamnerait à mort, même justement. La liberté de l'individu de protéger sa vie est inaliénable.

Sous l'État, l'individu a, de plus, la liberté de faire tout ce qui n'est pas interdit par la loi. Ainsi l'individu a, selon Hobbes, la liberté économique de vendre et d'acheter des biens et des terres, de vendre sa force de travail ou d'en acheter d'autres et, pour ce faire, de signer des contrats. L'individu moderne, contrairement au serf, peut aussi choisir son métier et son lieu de résidence.

Hobbes, partisan de l'Église anglicane, cherche un moyen d'apaiser les conflits qui l'opposent aux églises puritaines. Comme Jean Bodin, il donne tous les pouvoirs à l'État, y compris sur les Églises. Hobbes ne reprend pas l'idée de tolérance défendue en France par Montaigne et Bodin, nouvelle vertu mise de l'avant pour contrer les guerres religieuses entraînées en Europe par le schisme réformiste. Il oppose la liberté intérieure à la liberté d'expression et affirme qu'aucun Anglais ne peut jouer au martyr en Angleterre, s'il oppose ses propres croyances à celles qui sont soutenues par l'État. L'État exerce son pouvoir sur les actions *extérieures* des hommes, tant en politique qu'en religion, sans intervenir sur ce que chacun pense *intérieurement*. Ainsi l'État peut contraindre quelqu'un à renier publiquement sa foi : il ne peut pas le contraindre à croire intérieurement ce qu'il ne croit pas. Hobbes reconnaît la liberté de penser, sans soutenir la liberté d'expression.

Spinoza puis Locke vont toutefois au-delà de cette position, en défendant, en plus de la liberté de penser revendiquée par Hobbes, la liberté d'expression, toutes deux au fondement des libertés modernes.

LA LIBERTÉ D'EXPRESSION

Pour contrer lui aussi les guerres religieuses, Spinoza ajoute, à la liberté de penser, la liberté d'expression, qui serait un droit inhérent à l'individu et dont la négation nuit, non seulement à l'individu, mais aussi à la communauté entière. Le refus de cette liberté crée un monde de fourberies, en opposant ce que chacun pense dans son for intérieur à ce qu'il peut exprimer sur la place publique. Il contrevient à l'harmonie sociale, en suscitant la résistance de ceux dont l'opinion est interdite et en les poussant sur les voies de la sédition, perçues comme seul moyen de libérer la parole. Locke reprend à son compte cette position de Spinoza et développe les fondements théoriques de la vertu de tolérance, préconisée par Bodin, Montaigne et bien d'autres auteurs depuis la Réforme.

Les chefs religieux, les dirigeants politiques et le peuple ont mêlé deux réalités qui divergent par leur finalité et leurs moyens d'action : l'Église et l'État. Le non-respect de la différence entre ces deux entités engendre la guerre civile.

La fin de l'État est la préservation de la vie, de la liberté et des propriétés de ses sujets. Ses moyens sont le pouvoir législatif, le pouvoir exécutif et le pouvoir judiciaire. L'État n'a donc rien à voir avec les croyances des individus qui ne concernent ni la sécurité de l'individu et de ses biens, ni l'intégrité de l'État.

L'Église est une association volontaire dont le but est de rendre publiquement un culte à Dieu, en vue du salut de ses membres. La foi est une réalité intérieure, hors de la portée des contraintes étatiques. L'exhortation, les conseils et les admonestations sont, dit Locke, les armes de la religion, dont la force de conviction repose sur la récompense et la punition dans l'autre monde. L'Église, comme toute association, a besoin de règlements pour assurer son fonctionnement et doit accorder à ses dirigeants, le clergé, certains pouvoirs, mais ces règlements et ces pouvoirs ne peuvent s'exercer qu'au sein de l'Église et ne doivent pas s'étendre aux affaires civiles.

Les mœurs regardent l'Église, dont l'objectif est le salut de ses membres, et l'État, dont relève la bonne conduite des sujets. Il n'y aura pas de conflit de pouvoir entre ces deux sociétés, même au niveau des mœurs, si chacune respecte sa juridiction, l'Église s'occupant des convictions internes des sujets (la morale) et l'État, de leur soumission extérieure aux lois.

Locke limite, de fait, sa tolérance aux églises protestantes. Les catholiques romains, dont fait évidemment partie le peuple irlandais, sont soumis à un pape qui peut excommunier le roi et lui faire perdre son trône : il faut refuser l'ingérence d'un pouvoir étranger dans les affaires civiles de l'Angleterre. (Cette position vise aussi et sans doute surtout la France catholique avec laquelle le roi anglais, Jacques II, déposé lors de la «glorieuse révolution» de 1688, avait secrètement comploté.) On ne peut, de plus, faire confiance à la parole, au contrat et au serment de celui qui ne croit pas en Dieu : les athées, source potentielle d'anarchie, ne doivent pas être tolérés. Mais les principes lockistes de la séparation de l'Église et de l'État seront, au-delà de ces restrictions, peu à peu repris par l'ensemble des pays occidentaux, les pays majoritairement catholiques étant les plus réticents à suivre cette évolution. Cette séparation deviendra une condition fondamentale de la liberté d'expression.

La liberté d'expression est, selon Emmanuel Kant (1724-1804), requise par la liberté de penser. On ne peut développer sa réflexion si on n'a pas l'occasion de la confronter – par des échanges, des discussions et des débats – avec celle des autres. Le progrès intellectuel de l'humanité, auquel croyait ce partisan des Lumières, exige un usage public de la raison dans tous les domaines. Il requiert, dira plus tard John Stuart Mill (1806-1873), des individus originaux, dotés d'une forte personnalité, qui ont pu se développer grâce à leur libre activité.

Les libertés de penser et d'expression fondent les autres. La liberté d'expression réclame la liberté de presse et, de nos jours, la liberté de tous les médias de masse. John Stuart Mill et Alexis de Tocqueville (1805-1859) ajoutent qu'il faut protéger les libertés des minorités contre le despotisme éventuel de la majorité, qui s'exprime au niveau de l'opinion publique et qui contrôle indirecte-ment l'État par l'intermédiaire de ses représentants. La liberté d'association permet aussi aux minorités de se protéger contre la majorité.

LES DROITS DE L'HOMME

Pour Hobbes, les libertés de l'individu sous l'État, à l'exception de celle de protéger sa vie, sont octroyées par l'État. Pour Locke, comme pour ses successeurs libéraux, il existe des libertés naturelles, des droits naturels, des droits de l'homme, antérieurs à l'État et le limitant.

Pour Locke, l'état de nature n'est pas un état de guerre comme chez Hobbes. Les hommes y sont animés de passions pouvant les mener à la guerre, mais ils sont aussi des êtres de raison qui entretiennent des relations fondées sur la bienveillance et l'assistance mutuelle. Dans cet état, l'individu a le droit de faire tout ce qu'il désire pour sa sauvegarde et celle des autres, en plus du droit de punir les gens corrompus qui enfreignent ce droit.

L'individu, de concert avec les autres, transfère à l'État les pouvoirs dont il jouit dans l'état de nature, afin de mieux protéger ses biens et sa tranquillité. L'État, impartial, puissant, auquel les individus octroient les pouvoirs législatif, exécutif et judiciaire, est plus apte à assurer la justice que les individus concernés, souvent partiaux et parfois trop faibles. La loi, en soustrayant chacun à la violence et aux menaces des autres, permet plus facilement à l'individu de poursuivre librement et rationnellement ses propres intérêts.

La raison d'être de l'État étant la protection de la vie, des biens et de la tranquillité des individus, cela délimite le pouvoir souverain de l'État. Celui-ci ne peut attenter à la vie, aux biens et aux libertés des individus, constitutifs du peuple, sans devenir illégitime. Dans un tel cas, le peuple peut déposer l'instance qui exerce en son nom le pouvoir souverain.

Cette liberté de l'individu, antérieure à l'État et à laquelle il serait subordonné, est au fondement des droits de l'homme que la Révolution française inscrira dans l'histoire et qui étaient déjà présents dans la constitution de certaines colonies américaines.

La déclaration des droits de l'homme affirme l'existence de quatre droits naturels : la liberté, la propriété, la sécurité et la résistance à l'oppression. Ces droits de l'homme seront critiqués par plusieurs auteurs, dont Jeremy Bentham

(1748-1832). Tout homme serait né libre et la liberté serait un droit inaliénable. Or tout homme est né dans la plus totale dépendance de ses parents, dont relève même sa survie. La loi, soustrayant l'homme à l'hypothétique état de nature où il serait totalement libre, libère l'individu de sa domination par un autre. Et la loi, en accordant des droits, impose par le fait même des obligations qui limitent la liberté de chacun. La propriété serait aussi un droit naturel de l'homme. Or c'est la loi qui détermine la propriété et qui en fixe les limites, en la subordonnant aux amendes, aux taxes et aux impôts. La loi assure la sécurité de l'individu, tout en y portant atteinte s'il l'enfreint et tout en lui demandant le sacrifice possible de sa vie pour protéger l'État contre des armées étrangères. Enfin la résistance à l'oppression serait un droit qui susciterait la désobéissance à la loi, l'esprit insurrectionnel et l'anarchie. Pour Bentham, l'État doit défendre la propriété et la sécurité des individus, mais ces droits, octroyés par l'État, existent par lui et ne lui sont pas antérieurs.

Les droits de l'homme suscitent aussi la dissidence d'Hannah Arendt et de Karl Marx. Hannah Arendt (1906-1975) fuit l'Allemagne devenue nazie pour aller se réfugier en France, la patrie des droits de l'homme. Au début de la guerre, elle est, comme des milliers de Juifs allemands, placée dans un camp d'internement. Le droit d'asile, reconnu parmi les droits de l'homme, n'est pas appliqué. Les Juifs, ayant perdu leur résidence et leur citoyenneté originaire, deviennent des apatrides, sans statut et sans droit, dans les pays européens qui reconnaissent pourtant les droits de l'homme. Arendt conclut que les droits de l'homme, fondements de la société libérale, n'existent que pour les *nationaux*, les citoyens du pays concerné.

Pour Karl Marx (1818-1883), les droits de l'homme s'appuient sur la séparation de l'homme avec l'homme, chaque homme y ayant des intérêts séparés de ceux des autres, une propriété et une liberté qui l'opposent aux autres. Chacun y est vu comme une limite à la liberté et à la réalisation de l'autre. Chacun y a le droit de poursuivre ses intérêts privés, de jouir de sa vie et de ses biens, sans se soucier des autres, pourvu qu'il n'enfreigne pas la loi. Les droits de l'homme consacrent le droit à l'égoïsme.

Mais quelles que soient les critiques adressées aux droits de l'homme et même si la logique démontre qu'un droit ne peut être antérieur à l'État qui fait les lois et les sanctionne, le mythe de l'état de nature – s'il n'est plus consciemment retenu – hante toujours notre imaginaire : la liberté de l'homme est inaliénable et aucun État ne devrait lui porter atteinte. Cette limite à l'État n'est donc pas politique : elle est morale. Elle est même la première loi morale qui tend à réguler le politique en Occident depuis le XVIIe siècle.

LES LUTTES POUR LA LIBERTÉ

La lutte pour les libertés est, aux XVIIe et XVIIIe siècles, celle des bourgeois et de ses intellectuels contre le despotisme religieux et monarchique. Les uns et les autres veulent acquérir une marge de manœuvre face au pouvoir, reprenant à leur compte la démarche qui avait permis aux barons anglais d'obtenir, dans la *Magna Carta* (1215), des garanties contre l'arbitraire du roi. L'octroi des libertés est une revendication de l'élite bourgeoise montante. Elle ne concerne pas alors le peuple, tel que nous l'entendons aujourd'hui, sauf en ce qui concerne les libertés de résidence et de circulation exigées par la mobilité du capital dans un marché grandissant.

Mais si la liberté est une caractéristique fondamentale de tout individu, pourquoi le prolétaire ne le serait-il pas au même titre que le bourgeois? Pourquoi les prolétaires ne pourraient-ils pas s'organiser pour contrer la liberté oppressive des grands propriétaires d'industries? Pourquoi le prolétaire doit-il être condamné à abandonner, à la porte de l'usine, sa liberté? Si la liberté est l'apanage de l'humanité, pourquoi la femme ne le serait-elle pas autant que l'homme? Ne devrait-on pas parler des droits de la personne au lieu des droits de l'homme?

La lutte des bourgeois et de leurs intellectuels pour la liberté est ainsi reprise, aux XIXᵉ et XXᵉ siècles, par tous ceux qui ont été laissés en plan par la révolution bourgeoise. Ils exigent, eux aussi, de faire partie de l'humanité libre. Mais la liberté revendiquée n'est pas celle des Anciens, structurée par des vertus et une communauté. Elle est la liberté de chaque individu orientée par ses propres valeurs et ses propres désirs.

II

DES INDIVIDUS ÉGAUX

Les Grecs s'enorgueillissaient de n'avoir qu'un seul maître, la loi, au lieu d'être soumis, comme les barbares environnants, aux caprices d'un tyran. La loi, donc la justice, était la même pour tous, indépendamment de la fortune, du savoir ou de la classe d'origine. Les citoyens athéniens jouissaient de plus, lorsqu'ils vivaient sous un régime démocratique, de la possibilité de participer aux assemblées de l'agora, d'y prendre la parole et de voter.

LE PRINCIPE HIÉRARCHIQUE
CHEZ LES ANCIENS

Toutefois, l'égalité juridique et – en ce qui concerne la démocratie athénienne – politique n'était perçue, par les Grecs eux-mêmes, que comme une exception, manifestation de leur grand mérite, au sein d'un univers foncièrement hiérarchisé et inégalitaire.

L'inégalité est manifeste partout, entre autres dans la conception grecque de l'enfance, de la femme et de l'esclave. Aristote, à cet égard, est bien représentatif.

L'enfant est un animal rationnel inachevé. Il n'a pas vraiment de vertu propre, intellectuelle ou morale. Sa vertu est celle de celui qui le gouverne, le père, qui lui a transmis héréditairement ses qualités d'être et qui lui inculque les comportements nécessaires à l'exercice des vertus intellectuelles et morales. L'enfant sera ce qu'est son père : artisan, paysan ou aristocrate, avec les vertus correspondant à sa classe. L'enfant est perçu comme une matière dont la forme potentielle est transmise à la naissance par le père qui, de plus, l'actualisera. Il n'y a donc aucun rapport d'égalité entre l'enfant-matière et le père-sculpteur.

Et la femme ? Selon Aristote, elle peut, comme l'homme, réfléchir et décider, mais son âme est inférieure. L'âme rationnelle, argumente-t-il, est la forme du corps dans l'unité de l'être humain. Or le corps de la femme étant de force et de beauté moindres que le corps masculin, il s'ensuit que l'âme de la femme est inférieure à celle de l'homme. L'organisme féminin, arrêté dans sa croissance embryonnaire par quelque facteur défavorable, n'atteint pas la plénitude de l'organisme masculin. Même dans la procréation, la femme demeure inférieure : la mère, passive, ne fournit que le lieu de croissance à une semence paternelle qui contient virtuellement tout l'enfant. Aussi la femme est-elle par fonction, par nature, tant chez les Grecs que chez les barbares, comme chez tous les animaux, sans autorité, soumise au commandement du plus parfait, l'homme. Sous l'autorité du mâle, elle n'a pas l'indépendance requise à l'exercice des vertus intellectuelles et morales.

L'esclave quant à lui est perçu, à l'instar de tout animal, comme un bien acquis animé. L'esclavage est d'ailleurs couramment pratiqué en Grèce ancienne. Même s'il est un homme, même s'il est doué d'intelligence, par sa fonction, l'esclave appartient à quelqu'un d'autre dont il est l'instrument. Il est dépourvu de la faculté de réfléchir et de décider, qui appartient à son maître. Délesté de l'usage de cette faculté et réduit à des travaux manuels, il n'a besoin que du peu de vertus (l'obéissance et un minimum d'ardeur) nécessaire à sa tâche. Aristote distingue esclavage naturel et esclavage conventionnel. La relation naturelle maître/esclave ressemble à la relation aristocrate/paysan. Les maîtres et les nobles, plus vertueux, transmettent généralement, par les lois de l'hérédité et par l'éducation, leurs grandes vertus à leurs descendants, comme les esclaves et les paysans transmettent leur peu de vertus. Certains hommes sont donc, par nature, appelés à être maîtres et d'autres, esclaves. La relation naturelle maître/esclave diffère toutefois de la relation aristocrate/paysan dans la mesure où elle reprend et théorise la coupure radicale instaurée par les Grecs entre eux et les barbares. Les barbares des régions froides sont courageux, dotés de *thymos*, mais dépourvus d'intelligence : ils vivent libres, mais sont incapables de s'organiser en *polis* et de commander à leurs voisins. Les barbares d'Asie sont intelligents, mais sans courage : ils vivent déjà dans l'esclavage. La race des Hellènes, occupant une région intermédiaire, est intelligente et courageuse. Organisée en *polis*, elle peut dominer ses voisins et se laisser conduire à la vertu par une sage législation. L'esclavage naturel est juste, car il sanctionne la faiblesse et la nature d'esclave des perdants ; l'esclavage conventionnel est injuste, car les défaites des Grecs relèvent du destin et non de leurs vices ou de leur nature.

La démocratie athénienne magnifie l'égalité des citoyens. Mais, alors que le siècle de Périclès (495-429 av. J.-C.) est derrière eux, les grands philosophes grecs qui nous ont influencés, Platon et Aristote, combattent la démocratie et défendent une vision aristocratique du monde. À l'égalité arithmétique prônée par les partisans de la démocratie, ils opposent l'égalité géométrique, proportionnelle aux mérites de chacun. L'égalité arithmétique est injuste, car elle considère égal ce qui est fondamentalement inégal; l'égalité proportionnelle est juste, car elle reconnaît le partage inégal des vertus intellectuelles et morales.

Ces vertus différentes renvoient, pour Platon et Aristote, aux différentes classes. Platon, reprenant le parallélisme d'Hésiode (VIIIe-VIIe s. av. J.-C.) entre la hiérarchie des hommes et celle des métaux, identifie les dirigeants à l'or, les soldats à l'argent et les artisans au fer et au bronze. La sagesse est la vertu des dirigeants ou des aristocrates, le courage, celle des gardiens, la tempérance, celle des artisans. Ces derniers, de par leur travail, sont orientés vers la satisfaction des besoins du corps. Ils doivent donc apprendre la tempérance, c'est-à-dire, au niveau de la république, leur subordination consentie aux sages, aux philosophes.

Pour Aristote, les paysans, les pâtres, les artisans et les hommes de peine sont, comme les esclaves, réduits au travail manuel. Même si la constitution démocratique leur reconnaît la liberté, ils n'ont pas le loisir requis pour l'exercice et la pratique des vertus intellectuelles et morales, quoique le mode de vie rude et austère des deux premiers soit supérieur au mode de vie contaminé des villes des seconds. Les commerçants, dont l'objectif est l'accumulation de l'argent, qui n'est qu'un moyen d'acquérir les biens nécessaires au plaisir du corps produits par les paysans, les pâtres, les artisans et les hommes de peine, sont placés encore plus bas dans la hiérarchie aristotélicienne des vertus.

Tout rapport humain se réduit à un plus parfait qui commande à un moins parfait et se ramène, pour Platon, à sept types de relations qualitativement différentes : parent/enfant; sage/ignorant; maître/esclave; haute naissance/basse extraction; vieux/jeune; fort/faible (qualité d'ordre animal); gagnant/perdant au tirage au sort. (Platon, étant un des très rares penseurs à préconiser l'égalité homme/femme, n'inclut pas ce rapport dans les sept relations légitimes d'autorité.) Tous les biens sont hiérarchisés. Les biens humains (par ordre d'importance décroissante, la santé, la beauté, la vigueur physique, la richesse contrôlée par la raison) dépendent, eu égard au bonheur, des biens divins, eux aussi hiérarchisés (selon le même ordre, dans *Les lois*, la sagesse, la tempérance, la justice et le courage).

Zénon de Citium (335-264 av. J.-C.), fondateur du stoïcisme, et son disciple, Chrysippe (281-225 av. J.-C.) sont deux hellénistes, sujets de l'empire macédonien, qui ont appris la langue grecque et assimilé sa culture. Ils reprennent la vision hiérarchique des Grecs, mais s'en distinguent sur un point essentiel : ils affirment que chaque individu, indépendamment de sa citoyenneté ou de son ethnie, participe au logos divin, à la loi naturelle, qui anime l'univers. Ils unifient ainsi le genre humain que les Grecs divisaient en deux entités : eux-mêmes et les barbares.

Les Romains, influencés par les stoïciens, ne posent pas de différences de nature entre les hommes, dont certains deviennent esclaves, en menant des guerres injustes contre Rome ou ses alliés. La nature injuste des actions, et non la nature de leur être, justifiant leur esclavage, les esclaves peuvent être affranchis, intégrés et devenir citoyens romains. Tous les Romains sont égaux devant la loi, sans l'être comme citoyens. Cicéron, même s'il affirme que la république (*res publica*, chose publique) est la chose du peuple (*res populi*), attribue, dans sa république idéale, le pouvoir au sénat, contrôlé majoritairement par les aristocrates et les chevaliers. (Ces derniers, enrichis grâce au commerce, étaient des cavaliers de l'armée recevant de l'État une indemnité pour l'entretien de leur monture.)

Le peuple, s'il est bien encadré par des tribuns, devrait se soumettre avec empressement à la direction des grands hommes vertueux du sénat. Il existe, dit Cicéron, une hiérarchie naturelle qui va de Dieu à la loi naturelle, puis à la loi positive. Celle-ci, déterminée par les aristocrates – et, dans une moindre mesure, les chevaliers – et appliquée par les magistrats, domine tout le monde, dont le peuple, lui-même hiérarchisé selon les métiers.

Un semblable esprit hiérarchique domine le Moyen Âge, même si chaque être humain est, eu égard à l'âme, égal devant Dieu. Le monde terrestre est subordonné au monde céleste, comme les laïcs aux clercs, et les rois, du moins selon Thomas d'Aquin, au pape. La fonction de chaque être est déterminée par son essence qui définit sa fin, son degré de perfection et sa place dans l'univers. L'univers part de Dieu et est ordonné de haut en bas, l'homme étant l'intermédiaire entre les anges et les animaux. Dans cette hiérarchie des fins et des moyens, le plus bas sert le plus haut tandis que celui-ci guide ou dirige celui-là. Chaque être, en occupant sa place et sa fonction propres, participe à la perfection de l'ensemble de l'univers créé par Dieu.

L'ÉGALITÉ INDIVIDUELLE

Avec la modernité, les individus sont égaux, non seulement devant Dieu, mais aussi entre eux. L'individu n'est plus défini par sa place et sa fonction au sein d'une totalité : il devient la norme de toute chose. Dans l'état de nature, chaque individu est égal à tout autre. Comme cet état, pour Thomas Hobbes, est un état de guerre ouverte ou larvée, chacun y est égal à l'autre dans sa crainte d'être tué comme dans sa capacité d'attenter à la vie d'autrui.

Les auteurs expliqueront de façon différente cette égalité naturelle, et l'idée d'un état de nature ne sera plus retenue au XIXᵉ siècle. Cependant, la valeur d'égalité demeurera : elle est au fondement de la modernité comme l'était la hiérarchie pour les configurations idéologiques antérieures.

Évidemment, l'égalité visée est celle qui est préconisée, par et pour les bourgeois et leurs intellectuels, contre la noblesse. Dès le début, ils chercheront à limiter la portée sociale de cette égalité, reprenant des pratiques des siècles passés. Chacun, dans la société civile, est égal devant la loi, sauf les femmes et les enfants. Le peuple doit exercer le pouvoir politique, mais le droit de vote et d'éligibilité est réduit aux plus fortunés, comme c'était le cas dans l'Angleterre de la « glorieuse révolution » (1688-1689) que justifie John Locke dans les *Deux traités du gouvernement civil*.

L'égalité est cependant posée, non comme une exception, mais comme la règle. Karl Marx (1818-1883) affirme que chaque classe dominante représente ses propres valeurs comme étant universelles. Il a tort d'étendre à l'ensemble des classes dominantes son jugement sur la bourgeoisie : l'aristocratie se distingue et veut se démarquer, par les vertus qu'elle cultive, de la racaille qu'elle domine. Il a raison pour la bourgeoisie, qui sera prise à son propre piège : chacun, y compris Marx pour le prolétariat, revendiquera la liberté et l'égalité et exigera que la bourgeoisie s'y conforme. Mais n'anticipons pas.

À l'aube de la modernité, l'enfant n'est plus une pâte à modeler aux mains du père ou des maîtres : il n'est plus un animal dont on doit dresser la conduite et l'intelligence. Dès Montaigne, d'ailleurs, il devient un être dont on doit respecter la liberté et la spontanéité. Il est, sans aucune ambiguïté chez Jean-Jacques Rousseau, son propre éducateur, les parents et les éducateurs étant réduits à un rôle instrumental.

Les individus étant désormais ontologiquement égaux, le statut social inférieur de la femme doit être justifié. Les justifications seront multiples et prendront généralement la forme de l'exception : « Elles sont égales, mais... » Rousseau, lui, introduira un nouveau type de raisonnement : elles sont différentes, mais égales, les qualités de l'une compensant les défauts de l'autre, et vice-versa. Au XIXᵉ siècle, des féministes, dont s'inspirera John Stuart Mill, proclameront la complète égalité de l'homme et de la femme : celle-ci ne peut être réduite à un rôle de mère et d'épouse ; elle a le même droit que l'homme de choisir son travail et son mode de vie.

Les modernes n'opposent plus la philosophie à l'action, les loisirs au travail, la vie contemplative à la vie active, l'état religieux à l'état civil. Les diverses activités humaines ne sont plus hiérarchisées. Tout est travail. Et si une hiérarchie est établie, elle sera entièrement inscrite à l'intérieur de celui-ci, opposant le travail plus productif à celui qui l'est moins. Chacun, dit Locke, jouira des fruits de son travail à la mesure de son rendement. Certains peuvent évidemment s'enrichir en achetant la force de travail des autres, mais cette inégalité de fortune ne modifie pas, selon Locke, la fondamentale égalité entre individus, chacun étant libre de signer un contrat par lequel il vend sa force de travail ou en achète une autre.

ÉGALITÉ MODERNE ET HIÉRARCHIE ANCIENNE

Cette opposition entre égalité moderne et hiérarchie ancienne est particulièrement manifeste chez Edmund

Burke (1729-1799), qui combat la Révolution française au nom du roi, de la noblesse et de la religion, et chez le noble Alexis de Tocqueville, qui juge inévitable le processus d'égalisation.

Pour Burke, l'égalité sociale est une fiction monstrueuse qui, suscitant des espérances vaines, ne peut qu'envenimer l'incontournable inégalité de fait qui est au fondement de l'ordre social et dont dépendent les intérêts des riches et des pauvres. L'ordre social, nécessairement hiérarchisé, doit être respecté, car il est la condition de tout bien pour les individus de quelque classe que ce soit. Le peuple doit se montrer maniable et docile; il doit apprendre à obéir aux lois et à respecter les autorités. On doit lui recommander la patience, le travail, la frugalité, la sobriété et la pratique religieuse. Les principes de subordination naturelle, si profondément ancrés dans la masse du peuple depuis des siècles, ne doivent pas être artificiellement détruits par une révolution. La masse doit respecter la propriété qui lui demeure inaccessible; elle doit travailler pour obtenir ce qu'elle peut par le travail; et si elle est insatisfaite de ce que lui apporte ce dernier, elle doit se consoler à la pensée d'une justice qui sera rétablie dans l'au-delà.

Burke se moque de la Révolution française qui proclame l'universalité du principe d'égalité, tout en excluant du droit de vote les domestiques, très nombreux à l'époque, et en restreignant ce droit à ceux qui ont une propriété. Pour Burke, comme pour les Anciens, il n'y a pas d'égalité arithmétique entre les hommes qui se différencient économiquement, socialement, culturellement et politiquement par leurs positions et leurs fonctions dans la société. L'autorité politique ne provient pas d'un contrat social entre individus libres et égaux. Elle repose sur ceux qui le méritent, sur ceux que la Providence a

pourvus d'une bonne naissance, d'une propriété ter-
rienne, d'une éducation saine et de bonnes habitudes de
vie.

Pour Tocqueville, il existe trois biens rares (la naissance, la richesse et le savoir) qui, accaparés par le même
groupe, forment la noblesse. Or la France, au XVIIIᵉ siècle,
a de plus en plus de riches, qui ont aussi du savoir, alors
que la noblesse s'appauvrit et n'a plus comme trait distinctif que la naissance. La noblesse a perdu le pouvoir
politique, qui faisait d'elle une aristocratie, aux mains du
roi. N'exerçant plus le rôle de rempart politique contre
le pouvoir de celui-ci, elle n'a plus que des privilèges
économiques face au peuple qu'elle exploite et face à la
bourgeoisie qui, elle, est productive. À ces facteurs qui
favorisent l'égalité entre bourgeois et nobles, Tocqueville
ajoute l'invention de l'arme à feu qui, sur le champ de
bataille, permet au simple roturier d'être aussi puissant
que le noble chevalier, l'invention de l'imprimerie qui
rend le savoir accessible à ceux qui sont assez riches pour
apprendre à lire et, enfin, la réforme protestante qui
affirme que tous, laïcs comme clercs, peuvent également
lire la Bible et entrer directement en communication avec
Dieu. Ce processus d'égalisation, au fondement de la démocratie, distingue la société moderne des sociétés aristocratiques, constituées d'ordres hiérarchisés et étanches.

Aux États-Unis, au XIXᵉ siècle, tout conduit, selon
Tocqueville, au partage des trois biens rares. Le droit de
primogéniture étant aboli, la terre est morcelée et partagée
équitablement entre les fils. La loi de succession, empêchant l'accumulation des biens de père en fils aîné, sape la
base économique de la formation des grandes familles
aristocratiques, entraîne un nivellement de fortune entre
individus et met le droit de propriété à la portée de tous.
Comme la richesse, le savoir y serait également partagé.

En Amérique, il y a peu de grands savants et peu d'ignorants, chacun jouissant d'une instruction primaire mise à la portée de tous.

Cependant, des failles lézardent cette égalité : les Amérindiens sont victimes d'un génocide et les Noirs sont réduits, dans le Sud, à l'esclavage. Ces inégalités, pour Tocqueville, ne semblent pas altérer l'essence de la démocratie américaine, même s'il les condamne fermement. Tocqueville entrevoit toutefois l'émergence d'une nouvelle aristocratie, celle des grands industriels qui pourrait, elle, menacer cette démocratie fondée sur l'égalité.

LA NOUVELLE INÉGALITÉ

Une aristocratie de grands industriels se développe, dit Tocqueville, en opposition à une masse d'ouvriers qu'elle opprime et réduit à la pauvreté. La distance entre ces deux classes est immense et s'agrandit par la croissance des richesses de l'une et l'appauvrissement consécutif de l'autre, par l'accaparement du travail intellectuel par l'une et la réduction de l'autre à un travail manuel, simple et répétitif. Cette dégradation de l'homme, comme ouvrier, réduit son univers intellectuel, écrase ses aspirations et l'empêche de profiter des mœurs et des lois favorisant la mobilité sociale.

La dépendance étroite de l'ouvrier envers le chef d'industrie crée une aristocratie nouvelle, différente de l'ancienne. Contrairement à celle-ci, l'aristocratie industrielle formerait une exception dans un état social fondamentalement égalitaire et démocratique. Cette nouvelle aristocratie serait restreinte et isolée dans une société où de très nombreux commerçants et petits industriels, en concurrence les uns avec les autres, feraient face à des ouvriers dont la plupart auraient des ressources leur permettant d'obtenir un juste salaire.

Karl Marx, comme Alexis de Tocqueville, reconnaît que l'égalité formelle devant la loi s'est substituée aux privilèges de naissance des sociétés aristocratiques. Mais, pour lui, cette égalité masque un fossé grandissant entre le fils de bourgeois, qui hérite du père richesse, relations sociales et accès au savoir, et le fils de prolétaire, qui n'hérite que de la liberté de vendre sa force de travail à qui veut l'exploiter. Marx affirme que l'ensemble des classes intermédiaires entre la bourgeoisie et le prolétariat sont appelées à disparaître, venant grossir les rangs de celui-ci qui, devenu largement majoritaire, exproprierait la poignée de grands capitalistes restants, pour instaurer une véritable égalité.

Sa prévision s'est révélée erronée. C'est plutôt Jeremy Bentham qui a eu raison – du moins pour les sociétés les plus industrialisées et dans l'étape présente du développement du capitalisme – en décrivant l'égalité désirée comme celle qui assurerait le maximum de degrés intermédiaires entre le plus riche et le plus pauvre.

Au-delà de ces divergences, tous les auteurs qui abordent la société nouvelle y voient à l'œuvre la valeur d'égalité, que ce soit pour la condamner ou pour la glorifier, pour en restreindre ou pour en élargir la portée. Mais l'égalité n'est pas seulement une valeur dont on peut discuter des effets : elle est aussi un sentiment qui influe sur les relations sociales.

LE SENTIMENT D'ÉGALITÉ

L'égalité, Hobbes l'avait bien vu, entraîne la lutte et la rivalité : tous les hommes, désirant également la puissance, l'argent et les honneurs, entrent en concurrence les uns avec les autres pour se disputer ces biens rares. Dans les sociétés aristocratiques, comme l'inégalité entre les nobles et les serfs semble un fait de nature, elle n'engendre pas facilement la rivalité. Il n'y a pas non plus une réelle concurrence entre les serfs, condamnés à le rester. La seule rivalité y concerne les égaux, les nobles, qui cherchent à se distinguer les uns des autres, non par l'argent qu'ils jugent indigne d'eux, mais par des actes que valorise leur code d'honneur.

Dans la société féodale, il y a ni égalité, ni rivalité, ni sentiment commun. Chaque ordre s'y différencie radicalement des autres par ses mœurs, ses droits, ses façons de penser et ses vertus, de sorte que ses membres, dit Tocqueville, sont incapables de ressentir ce que les membres des autres ordres éprouvent. Le seigneur protège son dévoué vassal qui lui obéit respectueusement, sans qu'il y ait une communauté de sentiments entre le supérieur et l'inférieur. Dans la société moderne, tous se considèrent égaux. Chacun, pouvant théoriquement se retrouver dans la position de l'autre, peut éprouver ce que l'autre ressent, le riche compatir avec le pauvre et celui-ci manifester de la sympathie pour celui-là. L'égalité démocratique ne supprime évidemment pas les rapports d'autorité, mais ces rapports entre patrons et ouvriers reposent sur des contrats par lesquels des individus libres, égaux et indépendants se lient volontairement pour un temps déterminé.

David Hume (1711-1776) a développé l'idée de sympathie, que les moins nantis peuvent ressentir pour les riches et les puissants, en éprouvant les sentiments de plaisir du propriétaire pour ses propres biens. De fait, l'admiration des petits envers les grands était déjà présente dans les sociétés féodales. Elle était même omniprésente.

Le sentiment nouveau, comme fait social, est l'envie des pauvres envers les riches : si nous sommes tous égaux, pourquoi suis-je pauvre alors que d'autres sont riches? Ce qui est nouveau, si on suit Tocqueville, c'est la pitié que les riches pourraient ressentir pour les pauvres lorsqu'ils reconnaissent – mais combien le font? – qu'ils auraient pu ou pourraient être parmi ces derniers.

Au lieu de ressentir de la pitié pour le pauvre, le bourgeois peut le mépriser, parce qu'il attribue sa propre situation soit à son excellence (le parvenu), soit, comme l'aristocrate, à sa naissance. Le mépris est alors le même, d'une classe dominante à l'autre, quoique la modalité en diffère, le noble considérant qu'il est de son devoir de s'occuper paternellement de ses serfs, le bourgeois jugeant qu'il paie déjà trop l'ouvrier pour le travail fourni.

La vanité et le mépris des riches sont en continuité avec les attitudes aristocratiques. Ce qui est socialement nouveau, en plus de l'envie c'est la honte qu'éprouvent les pauvres et que Jean-Jacques Rousseau, en opposition à David Hume, a mis en évidence : si je suis pauvre, c'est ma faute, car je suis libre et aurais pu devenir riche. Dans la société moderne, chacun s'évalue en se comparant aux autres. Cette comparaison est maintenant possible, car chacun se juge potentiellement égal aux autres. Je m'enorgueillis d'être au-dessus de l'un ; je m'attriste d'être au-dessous d'un autre, l'optimiste privilégiant la première proposition, le pessimiste, la seconde. J'envie ou admire celui qui est au-dessus de moi ; je méprise ou ai pitié de celui qui est en dessous (le sentiment de pitié peut d'ailleurs être accompagné de mépris). Dans la société féodale, le serf et le noble ne pouvaient vraiment se comparer : ils faisaient partie de deux humanités différentes.

Edmund Burke critique la Révolution française qui sape l'attachement, l'amour et la vénération naturels portés par le peuple au roi et aux aristocrates qui incarnaient l'autorité politique; il la condamne pour avoir détruit le «joug» bienveillant que ceux-ci exerçaient sur celui-là. Ces rapports affectueux, qui auraient lié serfs et seigneurs, hantent sans doute l'imaginaire de Jean-Jacques Rousseau lorsqu'il décrit, dans *La Nouvelle Héloïse*, les liens idylliques qui unissent Julie et monsieur de Wolmar à leurs domestiques, dont ils auraient gagné l'affection en devenant, en quelque sorte, leurs parents. La bourgeoisie, dit Karl Marx, brise ces liens féodaux et patriarcaux, en leur substituant de pures relations marchandes; elle détruit le code d'honneur et l'attitude chevaleresque des aristocrates, les remplaçant par la seule valeur de l'argent et du profit. Au XXᵉ siècle, dans certaines entreprises, des psychologues industriels et des spécialistes en relations humaines chercheront à lier affectivement le travailleur à son travail, à son entreprise, voire à ses patrons, mais cette «humanisation» du travail sera jaugée par le patron à l'aune de la productivité, de la rentabilité et du profit : elle ne sera pas un mode de vie, mais une technique de gestion.

L'égalité entraînerait aussi, selon Tocqueville, un désir de conformité chez les citoyens, contrairement aux aristocrates qui affirmaient leur dignité en se distinguant, non seulement du peuple par des bonnes manières et des règles d'élégance, mais les uns des autres en entretenant des passions, des goûts et des idées différentes. Tocqueville a tort et raison. Les individus modernes, y compris ceux du peuple, ne visent pas l'uniformité ou la conformité. Toutefois, la mesure de comparaison et de distinction est unique et tend à être la même pour toutes les classes : les biens matériels possédés, la consommation, l'argent.

ÉGALITÉ ET LIBERTÉ

Thomas Hobbes affirme, comme bien d'autres d'ailleurs, que le principe d'égalité implique que chacun paie le même montant d'impôt. Certains, au nom du même principe, défendent, surtout à partir du XIXe siècle, la proportionnalité de l'impôt aux revenus de chacun. L'interprétation différente d'un même principe renvoie donc à des intérêts de classe différents. En règle générale, les porte-parole des nantis cherchent à restreindre ce principe à l'égalité devant la loi et les défenseurs des démunis, à l'élargir aux conditions matérielles d'existence. Ces derniers affirment même que l'égalité devant la loi est formelle et non réelle, le pauvre ne pouvant défrayer les coûts judiciaires d'une défense valable de ses intérêts.

L'égalité ne concerne pas la fortune : Locke, comme la plupart des penseurs libéraux, partage ce point de vue. La justice doit protéger inconditionnellement et également la propriété de chacun : elle n'a rien à voir avec l'égalité des ressources matérielles. Pourquoi? Locke justifie cette inégalité par le travail : à chacun selon la quantité et la qualité de son travail. Hume, ardent défenseur de la propriété, laissera tomber cette justification : certaines propriétés (par exemple, un terrain) n'impliquent aucun travail; le travail ne crée rien, mais transforme toujours un objet préexistant; l'héritier obtient une possession sans travailler. La possession est un état de fait que Hume défend, sans sentir le besoin de le justifier.

La question de l'héritage suscitera beaucoup de débats. Si chacun est égal, pourquoi certains «naissent-ils» riches et d'autres pauvres? Si Locke a raison d'affirmer que les possessions sont proportionnelles à la quantité et à la qualité des efforts fournis, sur quel droit repose la fortune de l'héritier? Locke ne se pose pas cette question. Chaque père, dit-il, a le droit de transmettre ses biens, fruits de son travail ou de celui de son propre père, à ses enfants, proportionnellement, non à leur travail inexistant, mais au respect et à l'affection qu'ils lui auront démontrés! Ce point de vue sera critiqué par les défenseurs des moins nantis. Les enfants de familles riches sont déjà privilégiés par un milieu culturel généralement plus développé et par des relations sociales avantageuses : le principe d'égalité requiert que les richesses accumulées soient réparties socialement.

L'école publique sera un des moyens d'égaliser les chances parmi les enfants provenant de milieux différents. Cette école se heurte à ceux qui, comme John Stuart Mill, prônent l'école privée au nom de la liberté des parents de choisir pour leurs enfants l'éducation de leur choix. Il y a donc conflit d'intérêts non seulement sur la portée et l'extension du principe d'égalité, mais aussi entre une politique favorable aux démunis au nom de l'égalité et une politique favorable aux familles mieux nanties au nom de la liberté.

Le principe de liberté a été nié au nom de l'égalité dans les pays communistes, mais il l'a été aussi, au nom de la hiérarchie naturelle des êtres, dans les pays fascistes. Le principe d'égalité n'est pas nécessairement contradictoire avec celui de la liberté. Appliqué d'en haut, par exemple en imposant les héritages ou en instituant une échelle progressive d'imposition du revenu, le principe d'égalité brime la liberté des mieux nantis au profit de ceux qui le sont moins. Appliqué d'en bas, par exemple en éducation par des mesures qui pallient, du moins en partie, les déficiences culturelles des milieux familiaux pauvres, il favorise l'exercice de la liberté du plus grand nombre, même si les mieux fortunés ne s'y retrouvent pas.

Quelles que soient leur portée, leur extension, leurs convergences ou leurs divergences, les valeurs de liberté et d'égalité habitent chaque moderne, orientent les débats et animent les conflits de nos sociétés.

III

LA RAISON AU SERVICE
DE LA PASSION

Une fois assurées la liberté et l'égalité des individus, comment pouvait se dénouer la vieille opposition raison/passion ? Revenons à Descartes qui, sur le thème de la raison, rompt avec les Anciens : seul, isolé, en suivant l'ordre des idées claires et distinctes, non seulement il repense l'univers physique et métaphysique, mais il affirme également que chacun, étant doté de raison, peut découvrir la vérité s'il suit l'ordre géométrique de démonstration. La vérité n'est plus l'apanage de rares sages guidés par les vertus intellectuelles : elle est à la portée de tous. Descartes abolit la subordination des simples aux sages. La vérité ne se découvre pas au sein de la tradition, pas plus que chez les maîtres ou dans la contemplation de l'univers : elle est à l'intérieur de chaque âme qui, après avoir fait *tabula rasa* de tout ce qui lui est étranger, passe d'une idée claire et distincte à une autre pour connaître le vrai.

Pour l'inventeur du *cogito ergo sum*, l'âme, dont l'attribut est la pensée, est coupée du corps qui, lui, est pure étendue répondant aux lois mécaniques de la causalité. Car Descartes, comme Francis Bacon (1561-1626), rejette les causes finales qu'affectionnaient les Anciens : les choses, comme les êtres, ne sont pas animées par des fins. Tout ce qui est matière, tout ce qui est étendue, est l'effet de causes mécaniques que nous pouvons étudier et apprendre à maîtriser.

Descartes ne se démarque cependant pas des Anciens sur la question des passions. Leur origine est corporelle, comme chez les stoïciens, et elles ne sont ni bonnes ni mauvaises, comme chez Thomas d'Aquin. Les passions doivent être régies par une volonté ferme, elle-même guidée par la raison, qui détermine les biens véritables à poursuivre, lesquels sont les biens de l'âme, de l'ordre de la vertu. Descartes, fondateur philosophique de la modernité, n'est donc pas moderne quand il subordonne les passions à la raison. Il ne pouvait aller jusque-là. La modernité, au contraire, mettra la raison au service des passions. Mais remontons plus loin dans le passé.

LES GRECS ET LES ROMAINS FACE AUX PASSIONS

Pour Platon, les désirs, quels qu'ils soient, doivent dépendre de la raison, comme les artisans, dans *La République*, doivent relever des sages. Il y a ici une hiérarchie naturelle qui soumet ce qui est inférieur, de l'ordre du corps, des plaisirs et des douleurs, à ce qui est supérieur, de l'ordre de l'âme, de la pensée, des Idées de Vrai, de Beau et de Bien.

Pour Aristote, il existe une semblable subordination entre ces deux ordres, sans qu'ils deviennent, comme chez Platon, quasi antinomiques. Le bonheur, qui remplace l'Idée de Bien de Platon, est la fin de l'éthique et de la politique. Le bonheur, pour Aristote, réside dans l'accomplissement de ce qui distingue l'homme des autres animaux, dans la réalisation de sa fonction propre qui est d'agir en conformité avec le *logos*, la raison. Pour être heureux, il faut être intellectuellement et moralement vertueux. La vertu est une «disposition» de l'homme acquise par l'exercice. Elle n'est pas un devoir-faire ou un devoir-être : elle est l'état normal, naturel, de l'homme bien né et bien éduqué, de l'aristocrate. Une personne qui s'efforce d'être vertueuse ne l'est pas plus qu'est belle celle qui *veut* l'être. Disposition acquise conformément à la raison, la vertu se pratique dans la joie. La pensée d'Aristote est tout à fait étrangère à la dichotomie judéo-chrétienne entre la morale et le bonheur terrestre.

Le bonheur implique, comme le Bien chez Platon, la domination de l'âme sur le corps, de la partie rationnelle de l'âme sur les désirs. Le bonheur relève des biens intérieurs, il dépend de la pratique des vertus intellectuelles et morales, mais il ne saurait être complet, chez Aristote, s'il est dépourvu de biens extérieurs : l'homme vertueux ne pourrait être parfaitement et durablement heureux s'il est malade, pauvre, sans amis et sans affection.

Les épicuriens n'opposent pas l'âme au corps et, pour eux, le plaisir est un bien, et la douleur et le trouble, des maux. Pourtant, ils se méfient de tous les désirs non essentiels au maintien de la vie et récusent les passions qui nous rendent nécessairement dépendants de leurs objets.

Leurs adversaires, les stoïciens, condamnent radicalement tout ce qui relève du corps : plaisirs ou douleurs, désirs et passions. Comme les épicuriens, ils croient que l'âme, comme le corps, est matérielle. Mais l'âme n'est pas constituée, comme chez Épicure, d'atomes plus subtils que ceux du corps : l'âme fait partie, chez les stoïciens, du souffle, du *pneuma*, qui anime l'ensemble de l'univers. Les stoïciens rejettent la vision atomistique du monde de Démocrite (460-370 av. J.-C.) reprise par les épicuriens. Le monde, l'univers, qui est un être vivant, est trop harmonieusement ordonné pour être le résultat de chocs fortuits entre atomes. L'ordre de l'univers requiert l'existence d'un *pneuma*, d'un logos, d'un Dieu immanent et omniprésent qui assure son unité, à travers toutes les différences et oppositions, y compris l'existence de plusieurs dieux.

L'homme, contrairement à ce qu'affirment les épicuriens, est totalement différent des animaux. Par son âme, qui définit sa nature, il participe au *logos* de l'univers tandis que son corps n'est qu'une enveloppe extérieure et éphémère.

Tout ce qui se déroule dans l'univers est vrai, beau et bien. Aussi un phénomène qui peut apparaître à l'échelle locale ou individuelle comme un mal (une catastrophe naturelle ou une guerre ; la maladie, le vieillissement ou la mort) perd sa malignité à l'échelle de l'univers, où il contribue au bien et à la beauté de l'ensemble.

Le sage stoïcien distingue ce qui dépend de lui de ce qui n'en dépend pas. Ce qui dépend de lui est son âme : ses intentions doivent se conformer au *logos* qui anime l'ensemble de l'univers. La liberté du sage réside dans son acceptation du destin providentiel. La liberté est adhésion à la nécessité. Ce qui ne dépend pas de lui relève du corps (désirs et passions, plaisirs et douleurs) et des opinions d'autrui (par exemple, la gloire). Le sage, indifférent aux sollicitations du corps, devient heureux en adhérant au *pneuma* dont il est un des fragments. Le stoïcien ne croit pas à l'immortalité de l'âme individuelle : l'âme n'est qu'une parcelle du *logos* qui, lui, est éternel. L'âme n'est donc immortelle qu'en tant que partie indissociable de Dieu.

LES CHRÉTIENS ET L'AMOUR DE DIEU

La vision de saint Augustin, influencée par le stoïcisme, voire le manichéisme, oppose la cité de Dieu à la cité des hommes. Celle-ci est animée par l'amour des biens terrestres, par les trois passions que condamne saint Augustin : la convoitise, le désir de dominer et la concupiscence.

La convoitise, désir immodéré des biens terrestres, consiste à préférer un objet, bon en lui-même, à Dieu. Saint Augustin ne condamne pas les réalités terrestres : créées par Dieu, elles sont nécessairement bonnes. Mais les chrétiens authentiques, les citoyens de la cité de Dieu, ne désirent pas, pour eux-mêmes, les biens matériels ou la richesse : ils les poursuivent dans la seule intention de rendre hommage au Créateur.

Le désir de domination est une passion distincte de celle de la convoitise. L'accumulation des biens peut être poursuivie comme moyen de mieux dominer les hommes, comme la domination de ceux-ci peut être recherchée en vue de s'enrichir. Le fondement du désir de dominer est souvent un désir de gloire. Celui qui désire la domination sur les autres recherche la louange ou l'approbation d'autrui : il est mû par la complaisance envers soi-même, par le péché d'orgueil. Mais la domination peut être convoitée sans que la gloire soit poursuivie. La poursuite de la domination pour elle-même ou pour accumuler des biens matériels implique l'utilisation de la ruse et de la cruauté qui ne peuvent apporter qu'une fausse gloire. La passion de domination, inhérente à toute activité politique, et la convoitise entraînent la lutte des hommes les uns contre les autres, les vols, les crimes et les guerres.

La concupiscence est convoitise charnelle, poursuite du plaisir sensuel. Boire et manger, par exemple, deviennent un plaisir au lieu d'être fonctionnellement subordonnés au maintien de la vie du corps. L'art (la musique, la danse, le théâtre, la peinture, la sculpture et l'architecture) tombe dans le domaine de la sensualité, de la volupté et de la concupiscence, dans la mesure où, en sollicitant et en charmant les sens, il détourne l'homme de Dieu. Pour saint Augustin, le désir sexuel est la plus puissante et la plus dangereuse des passions sensuelles. Ainsi l'acte sexuel entre conjoints, en vue de la reproduction, s'il ne constitue pas un péché, comporte toujours un certain degré de concupiscence (l'acte de copuler, même dans la droite intention de faire des enfants, entraîne une certaine jouissance involontaire). Aussi, après l'acte, les conjoints devraient-ils se soumettre à une purification.

Saint Augustin se distingue des stoïciens par sa croyance en l'immortalité de l'âme individuelle. Même si le sage stoïcien réussissait à être heureux de façon durable ici-bas – possibilité que récuse saint Augustin –, la mort viendrait inévitablement mettre un terme à ce bonheur. Ce qui est essentiel dans l'éphémère existence terrestre, ce n'est pas le bonheur ou le malheur, mais la béatitude ou la damnation éternelle, qui est l'enjeu de la cité de Dieu. Aussi celui qui subordonne sa vie terrestre à la poursuite de la béatitude éternelle est-il heureux, non pas nécessairement par l'expérience d'ici-bas, mais dans l'espérance de l'au-delà.

Saint Augustin se distingue aussi des stoïciens en valorisant la passion amoureuse qui est tournée vers Dieu, qui est évidemment le Dieu de la Bible, créateur de l'univers et transcendant. Chacun doit aimer Dieu plus que lui-même. Pour Augustin, on ne peut être vraiment vertueux, on ne peut être membre de la cité de Dieu si on ne pratique pas la vertu par amour de Dieu. Il faut aimer Dieu jusqu'au mépris de soi-même et il faut aimer l'autre (la vertu de charité ou *caritas*) qui est à l'image de Dieu. L'authentique chrétien est humble, non seulement par rapport à Dieu, mais par rapport à son prochain qui est à l'image de Dieu. Le bon chrétien ne se compare pas à l'autre pour affirmer sa supériorité morale comme le faisaient, selon saint

Augustin, les orgueilleux stoïciens. L'authentique chrétien veut être «humble et doux de cœur», à l'image du Christ décrit par saint Matthieu.

Saint Augustin valorise la passion amoureuse dans son rapport à Dieu. Thomas d'Aquin, tout en manifestant son accord avec l'amour de Dieu, affirme que les passions, en tant que telles et indépendamment de leurs objets, sont indifférentes à la morale.

L'homme, dit Thomas d'Aquin, partage avec les animaux une inclination instinctive, un appétit sensitif, qui le porte vers les objets aptes à satisfaire ses besoins et à le maintenir en vie. En plus de cet appétit, dont l'inclination est déterminée par l'objet appréhendé, l'homme, contrairement à l'animal, possède un appétit rationnel, la volonté, par lequel il se détermine et peut même aller à l'encontre de ses désirs instinctifs.

Les passions relèvent de l'appétit sensitif qui se divise lui-même en concupiscible et en irascible. L'objet du concupiscible est l'agréable ou le douloureux, le bien ou le mal perçu par les sens; l'objet de l'irascible est le même que le concupiscible, mais en tant qu'il est perçu comme difficile à atteindre ou à éviter. L'irascible, protecteur du concupiscible auquel il est ordonné, lui est supérieur: l'homme y oublie ce dont il jouit pour poursuivre une victoire dont la douleur est le prix.

L'amour et la haine, le désir et l'aversion, le plaisir et la douleur sont les six passions relevant du concupiscible. Comme chez saint Augustin, l'amour est chez Thomas d'Aquin la passion dont toutes les autres dépendent (désir et aversion, plaisir et douleur), y compris la haine, car nous haïssons les ennemis des objets de notre amour. L'espoir et le désespoir, la crainte et l'audace, ajoutés à la colère, constituent les cinq passions de l'irascible. Les passions, qui sont le fait de l'union de l'âme avec le corps, ne sont ni bonnes ni mauvaises eu égard à la morale. Mais l'homme étant doté d'une raison, l'âme, siège de l'intelligence et de la volonté, doit dominer le corps et ordonner ses passions en vue de la fin ultime : le bonheur éternel, la béatitude. Voyons maintenant la prédominance inverse : celle de la passion.

LA RAISON AU SERVICE DE LA PASSION

Hobbes, influencé par Descartes, part lui aussi de l'individu, mais, cette fois, l'individu est un être de passion avant d'être rationnel.

Hobbes affirme ainsi que l'action de l'homme, comme celle de tout animal, est déterminée par ses désirs et ses aversions. Le plaisir, l'amour et le désir inclinent l'homme vers ce qui est bon ; la douleur, la haine et l'aversion l'éloignent de ce qui est mauvais, nuisible. Le plaisir est la jouissance de ce qui est bon ; la douleur accompagne ce qui est mauvais. L'amour est la force qui pousse chaque être vers ce qui est bon ; la haine est refus de l'objet mauvais. Le désir est la forme de l'amour en l'absence de son objet ; l'aversion est répulsion devant un mal imaginé. L'amour et la haine portent donc sur les mêmes objets que le désir et l'aversion, mais chez les uns, les objets sont présents, tandis qu'ils sont absents chez les autres. Chez l'homme, apte à prévoir, le plaisir prend le nom de joie lorsqu'il anticipe un aboutissement heureux et la douleur, le nom de chagrin dans l'attente de conséquences malheureuses. Cette classification des passions reprend ainsi celle des passions concupiscibles chez Thomas d'Aquin, quoique la joie et le chagrin ne renvoient pas, chez Hobbes, à des objets présents, mais à des objets prévisibles, à venir.

Ces passions primaires varient en intensité selon les individus et se démarquent par les différents objets sur lesquels elles portent. Le savoir, les honneurs ou la gloire, la richesse et, surtout, le pouvoir, auquel les autres passions sont réductibles selon Hobbes, représentent, pour les hommes, les plus grands objets de désirs.

Hobbes ne soumet les désirs et les passions ni à l'évaluation de la raison, ni au jugement de vertus intellectuelles et morales. Le bon et le mauvais ne relèvent ni de l'opposition entre l'âme et le corps animal, ni de la nature des objets de passion. Chacun doit déterminer les objets aptes à satisfaire les passions primaires qu'il partage avec les autres hommes. Le bon est tout objet de mon désir; le mal, tout objet de mon aversion. Le choix de l'objet de passion relève de la subjectivité de chacun.

Descartes, après Thomas d'Aquin, soumet les passions à la volonté guidée par la raison. Mais Hobbes supprime cette hiérarchie. Il n'y a pas de vertus morales ou intellectuelles qui seraient au-delà des désirs et des besoins. La raison ne détermine plus ce qu'est la finalité humaine. Elle ne juge plus les désirs ou les passions au nom de cette fin. La raison, qui distingue l'homme de l'animal, permet de calculer les effets probables de ses actions sur la satisfaction de ses désirs ou sur l'évitement des objets d'aversion. La raison permet à l'homme de prévoir les besoins futurs et d'agencer en conséquence ses actions. La raison est au service des passions. Elle est dorénavant instrumentale.

Hobbes reprend d'Épicure le critère du bien et du mal : le plaisir et la douleur. Mais pour le philosophe grec, le bonheur consistait en l'absence de douleur et de peine. Il était un état de repos. Pour Hobbes, au contraire, le bonheur provient du succès continuel dans l'obtention des objets agréables aux désirs, sans cesse renaissants; il résulte d'une prospérité grandissante; il est mouvement.

La définition du bonheur par Hobbes, axée sur l'acquisition, est conforme aux valeurs économiques de la société marchande qui émerge peu à peu en Angleterre au XVIIe siècle. Elle s'oppose à celle des Anciens, orientée vers l'équilibre et le repos, qui renvoyait à la stabilité de l'aristocratie foncière.

La multiplicité, la voracité et l'insatiabilité des désirs entraînent les hommes à lutter les uns contre les autres et engendrent l'état de guerre, qui est l'état naturel. Les hommes se convaincront de rechercher la paix par la crainte d'être tué. C'est donc une passion, la crainte, qui pousse les hommes à poursuivre rationnellement la paix. C'est encore une crainte, celle que d'autres hommes ne respectent pas le pacte de la paix, qui les poussera à transférer leurs droits de vie et de mort à l'État, dont la puissance est la seule apte à effrayer les individus et à modeler leur volonté en vue de la paix. La raison est donc, à tous les niveaux, au service de la passion.

Spinoza, qui avait une vision du monde fort différente de celle de Hobbes, retiendra de celui-ci que la raison – ou la connaissance du bon et du mauvais – ne peut supprimer une passion : seule une affection plus forte peut contrarier ou annihiler une affection plus faible.

Même chez Montesquieu (1689-1755), qui défendait le pouvoir de l'aristocratie contre la monarchie absolue, la hiérarchie ancienne entre vertu et passion s'estompe. Le principe du gouvernement est la vertu *ou* la passion qui le fait agir. Ainsi, l'amour de la patrie ou des lois est la vertu ou la passion de la république démocratique et l'honneur, la vertu (dans le sens romain) ou la passion de la monarchie. Montesquieu réintroduit toutefois la dichotomie, sans l'expliquer, pour les deux autres types de gouvernement : la modération (il ne peut ici invoquer la passion) est la vertu de la république qu'il préfère, la république aristocratique, et la crainte, la passion du régime qu'il abhorre, le despotisme.

LA RECONNAISSANCE

David Hume part de Thomas Hobbes. La passion englobe tout sentiment, émotion ou passion et dérive, de façon directe ou non, des sensations de plaisir ou de douleur. Elle est la source d'énergie qui pousse l'homme à agir. La raison ne peut ni empêcher, ni régir cette énergie.

Hume s'attache plus particulièrement aux passions de l'orgueil et de l'humilité. L'orgueil est le plaisir que chacun prend en contemplant ses propres qualités intellectuelles ou morales, sa beauté, son pouvoir ou ses richesses. L'humilité est la peine que chacun éprouve lorsqu'il regarde ses défauts intellectuels ou moraux, sa laideur, son état de dépendance ou sa pauvreté. L'orgueil, source de plaisir, est une vertu, l'humilité, un vice. Hume prend donc le contre-pied de la tradition chrétienne pour laquelle l'orgueil était un péché et l'humilité, une vertu.

L'amour et la haine sont apparentés à l'orgueil et à l'humilité : on aime un autre pour les mêmes motifs ou les mêmes qualités que ceux dont on s'enorgueillit ; on hait ou méprise un autre pour les mêmes défauts ou les mêmes manques qui font qu'on s'humilie. L'amour et la haine ne se distinguent de l'orgueil et de l'humilité que par leur objet, qui est un autre au lieu de soi.

La possession, ce grand motif d'orgueil qui est aussi motif d'amour, réside essentiellement dans la possibilité de se procurer des commodités de la vie, des plaisirs. La possession est donc un plaisir par anticipation. Mais elle est aussi un plaisir actuel dans la mesure où chacun s'estime davantage, en se comparant avec celui qui possède moins. L'orgueil, cette passion égoïste, se développe donc par la comparaison avec l'autre. De plus, le plaisir suscité par les possessions est accru par le sentiment d'admiration ou de sympathie qu'elles provoquent chez autrui.

La sympathie proviendrait de la participation imaginaire aux sentiments de plaisir qu'éprouve le propriétaire pour ses biens. La sympathie, passion sociale, est toujours ressentie par un inférieur envers un supérieur, jamais l'inverse. Évidemment, le plaisir par lequel le riche et le puissant s'enorgueillissent de leur richesse et de leur puissance, en se comparant aux pauvres ou à ceux qu'ils commandent, a une origine différente, voire opposée au plaisir que les moins riches et les moins puissants retireraient de leur admiration envers les grands.

Hume admet que la comparaison avec autrui peut susciter la méchanceté ou l'envie, qui est l'envers de la sympathie. Chacun évalue son propre état d'âme par rapport au bonheur ou au malheur d'autrui. On peut prendre plaisir au malheur d'autrui, qui met en valeur notre bonheur ou relativise notre propre malheur. On peut envier le plaisir du riche, en comparaison duquel notre situation se révèle humiliante, au lieu de lui manifester de la sympathie. Pourquoi les biens et le pouvoir des grands ne susciteraient-ils pas davantage l'envie que la sympathie des petits? Pourquoi les hommes, toujours en train de se comparer entre eux et mus par l'orgueil, ne seraient-ils pas continuellement en lutte les uns contre les autres pour la possession des biens et pour la prééminence dans les rapports de pouvoir? Pourquoi le pessimiste Hobbes n'a-t-il pas raison? David Hume, l'optimiste, s'identifiant aux riches et aux nobles, espère qu'ils susciteront plus la sympathie que l'envie, davantage l'admiration que la haine.

Chacun est d'abord mû par ses propres plaisirs, son intérêt privé. L'amour de soi est premier, fondamental. L'amour des proches (famille, enfants, amis, voisins) est naturel, mais généralement plus faible que l'amour de soi. Le sentiment de sympathie, qui nous permet de transcender l'amour de soi, s'exerce plus facilement envers nos proches que vis-à-vis de l'étranger. Notre sens du devoir suit naturellement l'intensité de nos passions : l'amour de soi d'abord ; l'amour pour ses proches ; la sympathie éprouvée pour les riches qui est à la source de la justice, du respect de la propriété d'autrui. En cas de conflit, l'homme est donc naturellement porté à subordonner la justice à ses propres plaisirs et à ceux de ses proches.

L'amour chrétien du prochain, l'amour de l'humanité n'existe pas. On aime et on estime toujours quelqu'un en particulier. La justice qui renvoie à la société, à une somme de personnes dont la majorité nous demeure inconnue, ne peut donc se fonder sur une passion naturelle. La justice, par son impersonnalité, transcende la sympathie, même si elle est impossible sans celle-ci.

Le motif de la justice ne réside pas non plus dans l'intérêt public. Celui-ci présuppose les règles de la justice : il ne peut donc en être la cause. De plus, même dans les actions respectueuses des règles de la justice, la plupart des hommes ne se préoccupent pas de l'intérêt public, qui est une notion trop abstraite et trop éloignée de leurs intérêts quotidiens.

La justice n'est pas fondée sur les passions naturelles d'amour de soi et de sympathie pour ses proches. Celles-ci sont des valeurs en quelque sorte privées tandis que la justice est une valeur publique, une valeur artificielle mais non arbitraire fondée sur les conventions humaines, appuyée par l'éducation et renforcée par l'État. La justice peut contredire les intérêts à court terme de l'individu et de ses proches, mais non leurs intérêts fondamentaux dans la mesure où elle assure, par la paix sociale, la sécurité de leurs possessions.

Ainsi, par une argumentation différente, Hume débouche sur les mêmes conclusions que Hobbes : la morale, comme l'État, est une création humaine qui cherche à harmoniser les intérêts individuels naturellement conflictuels.

Pour sa part, Jean-Jacques Rousseau se démarque de son ami Hume, en opposant l'amour de soi à l'amour-propre. Dans l'état de nature, l'homme est mû par l'amour de soi qui lui permet d'assurer sa propre conservation, son propre bien-être. Ce sentiment est tout à fait compatible avec la pitié que lui inspire naturellement tout être qui souffre, particulièrement ses semblables. L'homme, pour Rousseau, est naturellement bon. C'est la société qui le pervertit. L'amour de soi s'y transforme en amour-propre, qui est une passion factice par laquelle on s'évalue en se comparant à l'autre, où l'on juge ses biens selon ce qu'en pense le voisin, où l'on recherche les honneurs, les richesses ou la puissance pour être au-dessus des autres. Le désir de reconnaissance ne suscite donc pas la sympathie, comme chez le nanti et optimiste Hume, mais la honte et l'envie chez le pauvre, en réaction à la vanité et au mépris des riches.

Hume subordonne la raison aux passions ; Rousseau, plus radical, oppose la conscience, fondée sur les sentiments naturels d'amour de soi et de pitié, à la raison qui nous égare. Cette raison est celle des philosophes de son temps, des encyclopédistes, des philosophes des Lumières. Chaque philosophe, chaque intellectuel cherche à se distinguer des autres, à briller plus que les autres. L'essentiel pour lui n'est pas la vérité, mais la distinction, la reconnaissance, la gloire intellectuelle. La raison des philosophes n'est pour lui que le masque de leurs intérêts.

La raison, comme l'enseignait Montaigne, est trop faible pour rendre compte de la diversité des usages, des croyances et des cultes. Elle conduit au scepticisme et à l'agnosticisme alors que la conscience, dit Rousseau, dicte avec certitude les valeurs à respecter. Innée, elle permet de juger infailliblement ce qui est bien ou mal dans nos actions ou dans celles d'autrui. Antérieure à la pensée, aux idées et à la raison, la conscience est amour de soi et sentiment de pitié. Toutes les valeurs personnelles seront le développement de l'amour de soi ; toutes les valeurs sociales seront la conséquence du second sentiment.

La conscience est commune à tous les hommes, qu'ils soient simples ou éduqués. Elle se fait d'ailleurs entendre, selon Rousseau, plus facilement de l'homme de la campagne, proche de la nature, que de l'intellectuel perdu dans ses arguties.

LA RÉACTION RATIONALISTE

Kant est le philosophe qui s'est opposé le plus vigoureusement à cette prédominance moderne de la passion sur la raison, en tentant de réinstaller, au sein de la modernité, l'antique domination philosophique de celle-ci sur celle-là.

Chez lui, la moralité d'une action ne réside pas seulement dans sa conformité au devoir dicté par la raison ; pour être morale, l'action doit être accomplie par devoir. L'intention seule détermine la moralité, qui n'a rien à voir avec l'objectif poursuivi ou les résultats obtenus. L'homme, s'il est vertueux, a la force et le courage de résister aux inclinations de son corps et à sa nature animale, par respect de la loi morale.

Le bonheur est la fin naturelle de l'homme. Tous recherchent le bonheur, même si l'humanité ne s'entend pas sur ce qu'il est et, encore moins, sur les moyens d'y parvenir. La santé, le bien-être, la richesse, le pouvoir, la reconnaissance... peuvent tour à tour symboliser le bonheur selon les individus. La recherche du plaisir, qui est le principe déterminant de la philosophie morale chez les modernes, se ramène, elle aussi, à celle du bonheur. Or le bonheur est un idéal de l'imagination, non de la raison. Aussi doit-il être absolument subordonné au commandement du devoir.

L'amour de soi, valeur fondamentale chez Hume et Rousseau, est à la base de toute philosophie eudémoniste, de toute philosophie dont la finalité est le bonheur. La prudence, vertu empirique qui conseille à l'individu les meilleurs moyens de parvenir au bonheur, n'est pas, pour Kant, une véritable vertu, dans la mesure où elle est la servante de l'amour de soi et non celle du devoir.

Le «cher moi», la complaisance, toutes les inclinations qui nous poussent vers le bonheur conspirent à étouffer en nous la voix de la raison, celle du devoir. Les philosophies eudémonistes sont, pour Kant, les plus néfastes des philosophies morales, car elles confondent le bien avec l'agréable, le devoir avec l'utilité, le respect de la loi morale avec la prudence ou le calcul. L'eudémonisme est «l'euthanasie de toute morale», car il en pervertit l'ordre, en subordonnant le devoir aux inclinations, à l'amour de soi ou au bonheur.

Le sentiment, contrairement à ce qu'affirme Rousseau, ne peut donc être au fondement de la morale. Le sentiment, quel qu'il soit, est toujours d'origine physique. Or la morale ne relève pas du corps, mais de la raison. Un sentiment de contentement peut suivre un comportement conforme au devoir, comme le remords peut succéder à une infraction à ce dernier. Mais le sentiment est toujours second.

L'amour est un sentiment qui ne relève pas de la volonté, qui ne dépend pas du pouvoir de la raison, qui ne se commande pas. La maxime chrétienne «Aime Dieu par-dessus tout et ton prochain comme toi-même» doit être interprétée comme un amour pratique, et non pas sensible. «Aimer Dieu» signifie exécuter fermement ses commandements; «aimer son prochain», remplir coura-geusement ses devoirs envers lui.

L'être humain doit accomplir son devoir, même s'il ne peut jamais être assuré de sa capacité d'y subordonner fermement ses inclinations, même s'il ne peut jamais être convaincu que d'autres mobiles étrangers au devoir, dont l'amour de soi, ne le contaminent pas subrepticement. Le devoir, comme impératif catégorique, demeure, même si personne ne peut s'y conformer intégralement, même si la sainteté est inaccessible ici-bas.

La morale kantienne n'a évidemment pas réussi à renverser le courant moderniste qui s'est imposé avec l'utilitarisme.

L'UTILITARISME

Jeremy Bentham continue Hume : chaque homme, comme chaque animal, est gouverné par le plaisir et la peine. Le plaisir, l'utilité, le bien, le bénéfice, l'avantage et le bonheur sont des termes interchangeables et sont synonymes de vertu.

Les instruments de plaisir sont des possessions réelles, matérielles, dont le représentant universel est l'argent, ou des représentations fictives, imaginaires, que sont la réputation et le pouvoir. Or le pouvoir et même la réputation peuvent être acquis, directement ou indirectement, par l'argent. Aussi, pour Bentham, tout plaisir peut-il être mesuré selon des règles de calcul arithmétique, en ramenant tout instrument de plaisir et toute possession à des termes monétaires.

L'argent est la commune mesure de tout plaisir. Évidemment, il existe des différences entre individus (la même somme d'argent peut apporter plus de plaisir à l'un qu'à l'autre) et des différences de conjoncture (la même somme peut apporter au même individu plus de plaisir à tel moment plutôt qu'à tel autre). Il est erroné aussi de croire que les plaisirs s'accroissent dans la même proportion que l'argent (un million de dollars ne multiplient pas par un million le plaisir correspondant à un dollar). Mais, toutes choses étant égales, la proportion est la même entre deux plaisirs qu'entre deux sommes d'argent. Si un homme hésite entre deux plaisirs, ils doivent être vus comme égaux et avoir le même prix. Si quelqu'un hésite entre s'acheter une bonne bouteille de bordeaux ou aider une famille qui souffre de la faim, ces deux plaisirs – le premier, gustatif, et le second, de bienveillance – correspondent tous deux au prix de la bouteille de bordeaux.

Bentham distingue les plaisirs personnels (*self-regarding*) des plaisirs altruistes (*extra-regarding*). La vertu de prudence est associée aux premiers et la bienveillance, aux seconds. La prudence est un devoir envers soi-même. Elle consiste à sacrifier un moindre plaisir à un plaisir plus grand. La bienveillance est un devoir envers l'autre. Elle consiste à sacrifier son propre plaisir à celui plus grand de l'autre. Pourquoi l'individu sacrifierait-il son propre plaisir à celui de l'autre ? Comment amène-t-on l'homme des plaisirs égoïstes aux plaisirs altruistes? Bentham est confronté au même problème que Hume et lui apporte sensiblement les mêmes réponses : l'individu doit être éduqué et réformé pour devenir autre que ce qu'il est naturellement.

LA RAISON DÉTRÔNÉE

Friedrich Nietzsche (1844-1900) critiquera férocement l'utilitarisme ambiant, l'esprit boutiquier et marchand, tout en condamnant, du moins dans sa dernière période de création (1883-1888), le rationalisme socratique et la morale judéo-chrétienne au nom de l'instinct. Sigmund Freud (1856-1939), dans la lignée de Nietzsche, montrera que l'individu, si fier de sa raison individuelle depuis Descartes, est en grande partie déterminé par un inconscient dont il ignore non seulement la force, mais souvent même l'existence. Freud confirme ainsi la domination des passions, sous la forme de pulsions, sur la raison. Max Weber (1864-1920), qui décrira la marche triomphale de la raison instrumentale au sein de l'Occident, avouera que cette instrumentalité n'est porteuse d'aucun sens et, qu'en dernière instance, l'intensité de la passion est le seul signe nécessaire, quoique insuffisant, de la valeur d'une action.

La raison moderne ne dicte plus la voie du bonheur, elle n'est plus la servante de la foi : elle est au service des désirs et des passions triomphantes.

IV

LE TRAVAIL
PLUTÔT QUE LA SAGESSE,
L'HONNEUR
OU LA PRIÈRE

La société et l'économie sont, jusqu'à l'avènement du capitalisme, dominées par une noblesse dont la propriété foncière repose sur le travail d'esclaves (la Grèce et Rome) ou de serfs. Cette noblesse ne vise pas l'accumulation, se satisfaisant de transmettre le patrimoine familial au fils aîné. Elle manifeste plutôt un mépris pour ces commerçants, petits ou grands, qui se passionnent pour la richesse, qui n'est qu'un moyen pour satisfaire les plaisirs du corps, plaisirs que les hommes partagent avec les autres animaux. L'aristocrate valorisera plutôt la gloire ou l'honneur, dont le courage est une des conditions, ou, s'il aspire à la sagesse comme Platon ou Aristote, les vertus intellectuelles et morales, par lesquelles il manifeste sa supériorité sur l'ensemble des vivants.

L'ANIMAL LABORANS ET L'HOMO FABER

Dans les sociétés aristocratiques, l'état de richesse ou de pauvreté, dit Tocqueville, est fixé par la naissance. Le noble ne recherche pas le bien-être et il ne craint pas de le perdre. Il l'acquiert à sa naissance, en jouit comme l'air, sans y penser, tandis que les serfs s'habituent à la pauvreté, n'imaginant pas comment il pourrait en être autrement.

La richesse est, pour le noble, une manière de vivre : elle n'est ni un but ni un objet de passion. Aussi un noble qui accepte une fonction rémunérée de magistrature le fera-t-il pour l'honneur ou la gloire de l'État, comme si l'appât du gain était absent de ses préoccupations. Pour un noble, il est toujours de bon ton de dédaigner les richesses au nom de biens supérieurs, intellectuels ou moraux.

Hannah Arendt (1906-1975) a repris à son compte la conception antique du travail, qui renvoie à ces viles mais indispensables tâches que doivent accomplir les esclaves et les artisans. La philosophe distingue *animal laborans* et *homo faber*, partage qui recoupe la différence entre esclaves et artisans chez les Grecs.

Pour Arendt, le travail de l'*animal laborans* est lié au cycle naturel et répétitif dans lequel les produits, visant la satisfaction des besoins vitaux, sont détruits par la consommation, qui en requiert le constant renouvellement. Le travail est un moment du processus biologique de tout animal où, entre la naissance et la mort, s'intercale une période de croissance suivie d'une période de déchéance. Il est peine et fatigue pour satisfaire les nécessités biologiques du corps et assurer la survie de l'espèce. Le travail, qui assujettit l'être humain au processus naturel et à l'empire de la nécessité, ne distingue en rien l'homme de l'animal. Il peut donc être exercé par cet instrument animé et intelligent qu'est l'esclave, qui dépense son énergie physique et use son corps au service du maître qui, lui, peut se consacrer aux choses de l'esprit et à la sphère du politique.

L'*homo faber* utilise ses mains pour produire des œuvres, dont les instruments de travail de l'*animal laborans*. L'œuvre brise le cycle vital et répétitif de production/consommation et instaure une permanence et une stabilité par la production d'objets durables. À la nature dont dépend le travail, elle oppose un monde artificiel, un monde d'objets créés par l'homme, un monde objectif qui survit à l'individu. Les produits de l'œuvre servent non pas à la consommation, mais à l'usage. Évidemment, l'usage use les objets, mais ce qu'il use, c'est la durabilité, la durée distinguant essentiellement ceux-ci des objets de consommation.

Remarquons que l'*animal laborans* comprend les esclaves de l'Antiquité et les serfs du Moyen Âge dont le travail était agricole. L'*homo faber* renvoie aux artisans, dont une grande partie étaient métèques chez les Grecs et qui, au Moyen Âge, s'organisent en corporations dans les communes émergentes. Les plus puissants maîtres artisans de ces corporations, achetant et revendant le fruit du travail d'autres artisans, forment les premiers bataillons de la bourgeoisie qui se développe. La fabrication de l'artisan s'inscrit dans une logique instrumentale de fins et de moyens. Le produit final détermine tout le processus de fabrication : matériaux, outils et activités de l'artisan. L'utilitarisme, idéal produit sur la base de ce processus de fabrication, deviendra la morale de la future société industrielle.

LE CHRISTIANISME
ET L'IDÉAL DE SAINTETÉ

Le christianisme, qui émerge au sein de l'empire romain et qui domine le Moyen Âge, reprend, sur des bases différentes, la même opposition entre ce qui est plus élevé et doit être recherché et ce qui relève d'une pénible et incontournable nécessité. Le saint s'ajoute au valeureux guerrier, le moine se substitue au philosophe, dans un mode de vie posé comme supérieur à celui auquel est soumise la majorité.

Le travail, pour saint Augustin, est une des conséquences désastreuses et punitives de la Chute d'Adam et Ève. Il ne saurait donc, par lui-même, avoir une valeur, contrairement à la prière qui met le chrétien en relation avec Dieu.

Saint Augustin condamne la convoitise, désir immodéré des biens terrestres, qui consiste à préférer un objet, bon en lui-même, à Dieu. Le commerçant, animé par le désir des biens terrestres, de la richesse, fait preuve de convoitise. Mais celle-ci n'est pas, selon saint Augustin, une passion propre aux riches : les pauvres, en enviant les riches et en ressentant de l'amertume pour leur pauvreté, manifestent une semblable convoitise. Tout est question d'intention : un riche dont les biens servent à honorer Dieu ne souffre pas de convoitise, contrairement aux pauvres qui l'envient. Aussi l'Église, qui était un grand propriétaire foncier à la fin du Moyen Âge et dont les hauts dignitaires vivaient en osmose avec la noblesse européenne, ne souffrait pas de convoitise : les biens de ce monde, dont les terres seigneuriales possédées par l'Église (près du tiers des terres cultivées dans la seule France) n'étaient qu'un moyen pour rendre hommage au Créateur.

LE TRAVAIL ET LE GAIN

John Locke, un des fondateurs du libéralisme, fut aussi un des premiers penseurs à valoriser le gain, tout en demeurant chrétien mais au sein de la nouvelle confession réformiste et puritaine.

Dieu, dit-il, a donné la terre en commun à l'ensemble du genre humain. Locke partage cette conviction avec les théologiens du Moyen Âge, dont Thomas d'Aquin. Mais comment passer de cette propriété commune à la propriété privée? Pour Thomas d'Aquin, le droit à la propriété privée repose sur son efficacité, sur son utilité: il permet, comparativement à la propriété commune, un usage plus soigné des choses et des relations mieux ordonnées entre les hommes. Pour Locke, ce n'est pas l'usage d'une chose ni les effets sociaux de son appropriation qui justifient la propriété privée: c'est le travail de chaque homme, son activité productive, qui légitime l'appropriation privée de ce qui est commun à l'humanité.

Chacun, comme le fermier, transforme par le travail le bien commun, la nature, en son bien particulier, en sa propriété. Chacun, par ses efforts et ses habiletés, transforme la nature en son bien propre.

Pour les Anciens, la source des biens était la nature créée par Dieu. Il fallait donc honorer Dieu, créateur de la terre, des semences, des animaux domestiques, etc. Il fallait le remercier lorsque la pluie ou le soleil favorisaient les cultures et lui demander pardon lorsque les calamités naturelles s'abattaient sur elles. À l'époque de Locke, notre compréhension de la nature commence donc à changer. C'est le travail humain, grâce aux efforts et à l'ingéniosité de l'homme, qui devient la source des biens. Le prix des choses, leur valeur, est déterminé non plus par la création divine, mais par le travail de l'homme. Thomas Hobbes, avant Locke, poussait cette logique marchande à sa limite, ce que ne fera pas le croyant Locke: la valeur d'un homme n'est plus déterminée par ses vertus, par son rapport à Dieu, mais par son prix sur le marché, par ce qu'un acheteur est prêt à débourser pour acquérir son travail, ses biens ou ses instruments d'acquisition.

Ainsi l'homme se mue-t-il en Prométhée. Il ne cueille plus les fruits de la nature créée par Dieu, comme le faisaient essentiellement ses ancêtres. La nature devient la matière première de son travail et de ses capacités techniques. La nature est un instrument comme les autres, au service des besoins des hommes. L'homme n'a pas créé la nature. Mais par son intelligence, il pénètre ses secrets; par son savoir-faire, il la façonne à son image; par son travail, il lui donne sa valeur et son utilité, en la transformant en objets de consommation. Par le travail, ajoutera Hegel, l'homme transforme non seulement la nature, mais il apprend, se forme et se fait lui-même.

Le travail, créateur de la propriété privée, n'est pas seulement celui du propriétaire, mais aussi celui de ses salariés. Ceux-ci, comme celui-là, sont des hommes libres. En échange d'un salaire, ils vendent leur force de travail et se soumettent à l'autorité du propriétaire, durant le temps et selon des modalités définis par le contrat, écrit ou verbal, intervenu entre eux. Pour Locke, contrairement à Marx, il n'y a pas de différence entre la liberté du propriétaire d'acheter la force de travail et celle du vendeur de cette force.

Locke, en bon chrétien, trace tout de même deux limites à l'appropriation privée. Elle doit d'abord laisser aux autres les moyens de se procurer les objets nécessaires à leur existence. Cette première limite reprend, sur des bases différentes, une position de Thomas d'Aquin: un affamé à qui on refuse la charité a le droit de voler pour conserver sa vie. Locke condamne tout vol, mais préconise la charité et l'aide publique pour subvenir aux besoins essentiels des gens inaptes au travail et affirme que l'appropriation privée par le travail est accessible à tous les autres. Seconde limite, personne ne peut posséder plus qu'il ne peut protéger du gaspillage (par exemple, des terres qu'il ne cultive pas ou des fruits qu'il laisse pourrir). Le gaspillage remplace donc la convoitise, qui était le principal vice attaché à la possession chez saint Augustin. Pour Locke, il est évident que la nature a toujours pourvu et pourra toujours pourvoir aux besoins de ses habitants, c'est-à-dire que la première limite ne sera jamais atteinte, si le gaspillage est évité.

Locke introduit aussi un deuxième moment dans le processus du travail : l'utilisation, par consentement mutuel, de l'argent comme monnaie. Ce deuxième moment fait disparaître une des deux limites de l'appropriation privée, le gaspillage. À la production des biens d'usage, valorisée par Aristote et que Locke décrit dans le premier moment du processus de travail, succède donc la production pour l'argent. La rationalité aristotélicienne du travail comme moyen de satisfaire ses besoins est remplacée par le désir d'accumulation. Les désirs de l'homme étant indéfiniment extensibles, sa passion d'acquisition est aussi sans limite.

La multiplication des moyens de satisfaire les besoins rend possible la multiplication infinie de ceux-ci. La satisfaction des besoins multiples est soumise à la condition de la réciprocité dans la mesure où la multiplication des moyens dépend du travail des autres. L'interdépendance commune des producteurs, travailleurs comme propriétaires, engendre ainsi la richesse générale à laquelle chacun contribue par son travail.

Plus encore : le désir d'accumulation accroît, dit Locke, la productivité du travail, chacun n'étant plus contraint de limiter ses ambitions de possession à la satisfaction de ses besoins. Cette productivité accrue justifie tout, y compris les possessions inégales et disproportionnées entre individus qu'entraîne nécessairement cette course à l'argent. L'inégalité dans l'appropriation privée n'enlèverait à personne les moyens de se procurer les objets nécessaires à son existence ; au contraire, la poursuite de

l'argent augmente tellement la productivité qu'un journa-
lier agricole en Angleterre vit mieux, dit Locke, qu'un chef
de tribu en Amérique.

LE TRAVAIL COMME VALEUR

On comprendra donc pourquoi les Européens, selon
Tocqueville, s'emparent des terres en Amérique sans
aucun problème de conscience. La terre appartient, comme
l'affirme Locke, à ceux qui la travaillent. Les peuples de ce
qui deviendra les États-Unis et le Canada étant la plupart
nomades, les Blancs se sentent tout à fait justifiés de
s'emparer de ce qu'ils peuvent faire fructifier. Les Amérindiens nomades, même s'ils reconnaissaient les fruits du
travail agricole, refusaient de devenir esclaves d'un bout de
terrain, rejetaient un travail qu'ils jugeaient avilissant.

Le travail, comme valeur, ne s'est pas non plus imposé
facilement en Europe. Car pour un chrétien, il était traditionnellement une punition : pourquoi aurait-on valorisé
une punition ? Le serf travaillait sa terre pour se nourrir et
fournir sa contribution au seigneur. Il ne s'appropriait pas
tout le produit de son travail, mais contrôlait son travail et
en modulait le rythme. Personne ne venait lui dicter comment cultiver. « Libéré » du servage, il devait, pour survivre, vendre à un autre son temps, pendant lequel il ne
contrôlait ni l'intensité ni les conditions de son labeur.

L'homme, pourra dire plus tard Michel Foucault
(1926-1984), a ainsi été discipliné au travail. Un texte
peu connu de John Locke sur l'employabilité des pauvres
nous permettra de comprendre comment (« Draft of a
Representation Containing a Scheme of Methods for the
Employment of the Poor. Proposed by Mr Locke, to their
Excellencies the Lords Justices, the 26th October 1697 »).

Dans ce document, John Locke constate que les pauvres se multiplient malgré la croissance économique. Il affirme que cette extension de la pauvreté n'est pas due à une pénurie d'offres d'emploi, mais à une corruption des mœurs de la population laborieuse entraînée par un relâchement de la discipline. Il propose un certain nombre de mesures – dont certaines sont déjà prévues dans des lois qui ne seraient pas appliquées avec constance et rigueur – pour remettre les pauvres au travail, les rendre utiles et alléger ainsi le fardeau des payeurs de taxes.

Locke distingue, parmi les pauvres, ceux qui sont aptes au travail de ceux qui sont partiellement aptes et des inaptes.

Les aptes au travail doivent être contraints d'accepter tout travail, même s'il est payé au dessous des normes établies, car s'ils ont été incapables d'obtenir du travail conformément à celles-ci, c'est qu'ils étaient moins habiles ou honnêtes que ceux qui ont été engagés selon ces normes. Les aptes au travail de plus de quatorze ans, qui mendient sans autorisation, seront envoyés dans des maisons de redressement (*houses of correction*) pour y effectuer des travaux forcés. Les enfants de moins de quatorze ans se retrouvant dans la même situation seront placés dans des écoles de travail (*working-schools*).

Les femmes à la maison regroupent une grande part des partiellement aptes au travail : elles disposent, entre leurs tâches de mère et de ménagère, de temps libre qui pourrait être utilisé pour apporter des revenus d'appoint à la famille. Afin de libérer les femmes et les rendre disponibles à un travail productif, les enfants, entre trois et quatorze ans, devraient obligatoirement être envoyés à des écoles de travail où ils apprendraient à filer et à tricoter la laine. Ces écoles enseigneraient aux enfants la discipline du travail, tout en leur permettant de payer par leur travail le coût de leur nourriture et de leur éducation. Enfin, un artisan ou un agriculteur pourrait retirer, à n'importe quel âge, un enfant de ces écoles pour en faire un apprenti. Celui-ci serait alors lié à l'artisan jusqu'à l'âge de vingt-trois ans.

Les inaptes au travail devraient être regroupés dans des bâtiments publics (asiles) afin de réduire le coût de leur entretien. Ils auraient le droit de mendier, dans des lieux précis et à des heures convenues, en arborant un écusson les autorisant.

Cette discipline du travail a mis du temps à s'imposer. Au XIXᵉ siècle, en Angleterre, le niveau de vie de la population laborieuse augmente régulièrement, sauf pour une période de vingt ans où les salaires baissent de façon absolue. Cette baisse s'expliquerait ainsi. Les ouvriers, aussitôt qu'ils avaient amassé un modeste pécule, fuyaient les conditions épouvantables de l'usine, quitte à rechercher du travail quelques semaines plus tard. Le roulement massif de la main-d'œuvre, jugé improductif, fut condamné par les industriels. Les salaires furent alors abaissés de sorte que l'ouvrier soit contraint de rester à l'usine pour arriver à joindre quotidiennement les deux bouts. Après vingt ans de ce régime, le pli était pris : les enfants suivront docilement les pas résignés de leurs parents menant à l'usine.

L'ÉTHIQUE DU TRAVAIL

L'éthique protestante, selon Max Weber, aurait joué un rôle déterminant dans la valorisation du travail.

Le catholicisme privilégiait les vœux de chasteté, de pauvreté et d'obéissance du clerc. Le clerc précédait le laïc sur la voie du salut, en se consacrant exclusivement à

Dieu, en y sacrifiant les plaisirs terrestres (la femme, la famille et les biens) et en subordonnant humblement sa propre volonté à celle du représentant de Dieu sur terre, le pape. Le modèle était le moine qui se retirait du monde pour se vouer totalement à Dieu. En réaction à l'ascèse monastique proposée comme idéal par l'Église du Moyen Âge, Luther met l'accent sur le devoir moral de chaque individu d'accomplir les tâches temporelles assignées par sa place dans la société. Le clerc, eu égard au salut, n'est pas mieux placé que le laïc : chacun est jugé sur la façon dont il assume la responsabilité de sa tâche, indépendamment du contenu de celle-ci.

La notion de vocation (*Beruf* en allemand et *calling* en anglais) recèle toutefois une signification traditionnelle chez Luther, en impliquant une soumission aux diverses conditions réelles d'existence. C'est chez les calvinistes et les autres confessions puritaines que la profession, le travail, comme vocation, prend son sens moderne, favorable au développement du capitalisme, sans que cet effet ait été désiré ou poursuivi par les réformateurs, qui ne se préoccupaient que du salut des âmes.

Dans la conception calviniste, Dieu, totalement libre, omnipotent et absolument insondable, régit l'univers dont nous faisons partie. Dans ces conditions, reconnaître une liberté humaine impliquerait logiquement une limitation de l'omniscience et de la toute-puissance de Dieu. Aussi le calviniste nie que notre conduite puisse influencer notre destinée prédéterminée de toute éternité. L'homme, radicalement seul face à Dieu et à son destin, voyant partout dans l'univers l'intervention de la divine Providence, ne peut donc que chercher à lire le «jeu divin» afin d'y déceler le signe de son élection.

Rien ne peut distinguer les élus des réprouvés, sauf la foi absolue d'être parmi les choisis : le moindre doute à ce sujet signifie une «insuffisante efficacité de la grâce». Pour dissiper le doute et s'assurer de cette grâce, le travail comme vocation (*Beruf*), un travail sans relâche, est recommandé.

La charité ne consiste plus, comme dans le catholicisme, dans la relation personnelle d'un plus riche donnant à un plus pauvre; elle est aide impersonnelle à la collectivité par le travail. L'amour du prochain se réalise dans l'accomplissement des tâches professionnelles que Dieu a confiées à chacun; il est service objectif effectué dans l'intérêt de l'organisation providentielle et rationnelle de l'univers qui nous entoure.

Le travail, dont le résultat objectif est le gain, est valorisé tandis que la jouissance des biens acquis est condamnée comme tentation de la chair, source d'oisiveté, gaspillage condamnable du temps. Cette course au gain, par le travail continu et systématique, liée au refus de toute consommation dépassant la satisfaction des besoins nécessaires, dégage l'épargne nécessaire au développement du capital.

L'ascétisme au sein du monde est radical : refus de tous les plaisirs des sens qui sont glorification du corps; rejet des sentiments tels que l'amitié, qui tendent à idolâtrer les hommes; condamnation des arts et du théâtre. Seul le désir du gain par le travail est rationnel et juste. L'individu doit «contrôler méthodiquement son propre état de grâce» en travaillant systématiquement, tout en refusant plaisirs et sentiments.

Les confessions puritaines, par leur ascétisme et leur rationalisme, se distingueront radicalement du catholicisme. Le Dieu y est si étranger qu'on ne peut communier émotionnellement et mystiquement avec lui et encore moins se l'incorporer sous la forme d'une hostie. À la vie ascétique du moine qui requérait sa sortie hors de la vie courante et mondaine, les puritains opposent le modèle d'une vie ascétique, méthodique et rigoureuse au sein même du monde. Le réformé ne peut espérer le salut de la confession ou des indulgences. Lui est refusé le cercle catholique et compatissant qui conduit du péché au péché par l'intermédiaire du repentir, de la pénitence et de l'absolution. Le calviniste ne peut pécher et échapper au remords par le sacrement de pénitence. Il est condamné à la « monstrueuse tension » de consacrer systématiquement sa vie à Dieu par un travail qui s'inscrira dans un marché perçu comme rationnel et providentiel.

TRAVAIL OU PASSION DU BIEN-ÊTRE

Tocqueville, lorsqu'il vient en Amérique au milieu du XIXᵉ siècle, n'y discerne pas ce que verra Max Weber. Il recouvre sous le terme générique de protestantisme les églises puritaines qu'il n'identifie pas, tout en décrivant certaines de leurs manifestations. Il reconnaît la centralité du travail, mais confond appétit du gain et soif de bien-être.

Tocqueville et Weber pensent tous deux que, dans les sociétés industrielles, le travail ne vise pas la simple satisfaction des besoins, mais est orienté par la recherche du gain. Weber affirme que cette recherche du gain est liée, pour des motifs religieux, à une vie austère chez les puritains, tandis qu'elle serait animée par la passion du bien-être chez Tocqueville. Malgré cette divergence sur les origines de la société industrielle, Weber rejoint Tocqueville en reconnaissant qu'une fois le décollage du capitalisme réussi, le travail rationnel et productif est propulsé par la recherche du bien-être.

La valeur du travail et la passion du bien-être deviennent donc universelles et tendent à unifier culturellement les classes inférieures et celles qui les dominent. Chaque individu, qu'il soit riche ou pauvre, aspire à conserver ce qu'il a et à acquérir plus. Le travail, en vue du gain, devient l'activité valorisée et privilégiée. Les perdants, ceux qui se retrouvent exclus du processus du travail, tendent à être condamnés : ils ne seraient pas assez ambitieux, ayant renoncé à la poursuite du bien-être ; ils manqueraient de fierté, acceptant de subsister grâce à l'aide publique ; ils se mettraient à la marge de la société, en refusant les valeurs de travail et d'efficacité qui la fondent.

Cette poursuite incessante du gain agite et transforme continuellement la société industrielle tandis que la société aristocratique reposait sur la stabilité de la propriété foncière transmise de père en fils aîné. Cette passion du bien-être engendre un esprit pratique, empiriste et utilitariste. Comment produire plus et mieux dans un moindre temps devient la préoccupation de ceux qui dirigent les industries. L'intérêt personnel, ce qui est utile, tend à s'imposer comme mobile déterminant de l'agir de chaque individu.

Cet utilitarisme envahit tout. La modernité, dit Hannah Arendt, est liée à la fabrication d'outils et d'instruments de plus en plus complexes, dont dépend le progrès scientifique fondé sur l'expérimentation. L'expérimentation produit ou fabrique elle-même les phénomènes à observer. On ne s'intéresse plus à ce qu'est une chose ou à pourquoi elle est telle qu'elle est, mais à comment elle a été produite, l'expérimentation ne visant qu'à répéter les processus naturels. On ne connaît que ce qu'on fait : ce leitmotiv des temps modernes réduit la rationalité à l'instrumentalité.

La vision, par l'*homo faber*, de chaque réalité comme processus envahit tous les domaines et détermine le rapport de l'homme avec la nature et avec sa propre histoire. La nature est un simple matériau sur lequel l'homme exerce sa souveraineté technicienne. L'histoire est le processus de la fabrication de l'homme par l'homme, par l'intermédiaire de l'assujettissement de la nature à ses propres besoins.

L'*homo faber* lui-même tombe sous la coupe de l'*animal laborans*. L'œuvre, comme création d'un monde objectif commun, est dégradée au niveau des objets de consommation; la stabilité de l'œuvre, idéal de l'*homo faber*, est sacrifiée à l'abondance des objets de consommation, idéal de l'*animal laborans*. Dans ce processus, toute œuvre tend à être transformée en objet de consommation, à être dissoute dans le flux de la richesse, dans la conversion progressive des biens immobiliers en biens mobiliers, dans leur mutation en argent. La permanence du monde moderne se mesure donc paradoxalement au processus d'accumulation du capital, de sorte qu'on parle de crise lorsque ce processus est temporairement interrompu.

La productivité du travail libère l'homme et lui procure des loisirs, auparavant privilège d'une minorité. Mais ces loisirs ne sont pas, dit Hannah Arendt, consacrés à la pensée, à la culture (le spectacle des œuvres d'art) ou à l'agir politique du citoyen responsable : les loisirs de l'*animal laborans* ne sont qu'activités de consommation, *entertainments*, en vue de passer le temps. Le critère de la nouveauté, par lequel on juge les loisirs, est du même type que celui de la fraîcheur pour la nourriture. Ce critère distingue ces objets de consommation de l'œuvre d'art dont le critère est la beauté et de l'agir politique dont le critère est le choix délibéré du vivre ensemble.

Le monde de l'*animal laborans* est celui de l'uniformité, chacun étant réduit à un moment d'un processus de travail qui le domine et tous se ressemblant dans un même appétit de consommation.

LA CONDAMNATION

Friedrich Nietzsche condamne cette morale utilitariste, cette morale du bien-être, cet objectif de prospérité générale fondée sur la valeur du travail. Il clame un retour aux valeurs aristocratiques, à cette claire délimitation entre ceux d'en haut, qui pouvaient se consacrer aux valeurs supérieures, et ceux d'en bas, esclaves ou serfs, condamnés, à l'instar des bêtes domestiques, à une vie laborieuse.

Aristote affirmait que le bonheur est irréductible aux biens matériels, mais qu'il est peu possible en l'absence de ces derniers. Des fractions de plus en plus larges de la population des pays industrialisés ont pu aspirer au bien-être : ce n'est pas le bonheur, mais ce n'est pas rien.

V

L'AMOUR ET NON LA REPRODUCTION

La civilisation grecque est faite par et pour les mâles grecs adultes. La femme, exclue de toute forme d'instruction, est reléguée à la maison où, terre dans laquelle l'homme sème son germe, elle met au monde des enfants et les allaite, tout en consacrant son temps libre au tissage. Le pouvoir domestique sur la mère, les enfants et les esclaves est exercé par le père. Aussi Socrate renvoie-t-il cavalièrement à la maison sa femme, Xanthippe (Vᵉ-IVᵉ s. av. J.-C.), lorsqu'elle vient l'importuner avec ses problèmes domestiques sur la place publique où il discute sereinement de philosophie avec ses disciples.

Les désirs sexuels ne se distinguent pas, par leur nature, des autres désirs. Ils ne se distinguent pas non plus par l'objet convoité : ils peuvent être assouvis indifféremment avec sa femme ou une concubine (*pallakë*), un esclave ou une esclave, une hétaïre (*hetaira*), un prostitué (*pornos*) ou une prostituée, un adulte ou un jeune garçon. La pulsion sexuelle n'est pas exclusive et l'homme grec peut alterner partenaire masculin et partenaire féminin. L'opposition fondamentale en Grèce est entre le comportement sexuel actif, prérogative du mâle adulte, et le comportement sexuel passif, caractéristique des femmes et des jeunes garçons. La réprobation et la moquerie, en Grèce comme d'ailleurs plus tard à Rome, s'exerceront à l'égard des citoyens mâles et adultes dont le comportement sexuel est passif.

La pédérastie joue un rôle social important en Grèce. Le rapport pédagogique qui lie le jeune garçon à l'adulte, dont il reçoit la formation morale et politique nécessaire pour devenir un citoyen vertueux, est aussi un rapport sexuel qui lie l'aimé à l'amant. Le jeune Grec, devenu citoyen de plein droit, sortira de cette situation d'aimé, de partenaire sexuel passif, pour devenir à son tour un partenaire actif, comme mari et comme possible amant qui transmettra son savoir à un éphèbe, en échange des faveurs de sa jeune beauté. En Grèce, le désir sexuel est toujours perçu du point de vue du citoyen : le désir sexuel des autres n'est pas pris en considération. On ne s'interroge pas sur le plaisir de l'épouse ; on ne se demande guère si le jeune Grec jouit ou souffre lorsqu'il est sodomisé.

Même Socrate qui enseignait le contrôle de la raison sur les désirs, qui affirmait privilégier les qualités morales chez les jeunes garçons, n'en est pas moins bouleversé par les charmes purement physiques de ceux-ci, comme en fait foi ce passage de *Charmide* : « En cet instant, à te dire vrai, mon cher, grand était déjà mon émoi, et fortement battue en brèche l'assurance que j'avais auparavant de ne point éprouver de malaise à m'entretenir avec Charmide [...] j'eus un coup d'œil sur l'intérieur de son vêtement ; j'étais en feu, je ne me possédais plus ! C'est alors que je compris toute la supériorité, en matière amoureuse, de la sagesse de ce Cydias, qui, parlant d'un bel enfant, a donné à un autre que moi l'avis de bien prendre garde que, *faon venu au-devant d'un lion, celui-ci ne lui arrache un morceau de chair* ! J'avais en effet l'impression d'être tombé aux griffes d'un pareil monstre ! »

Des poètes décriront la passion amoureuse, éros, qui s'empare de l'amant à la vue de l'aimé, indépendamment du sexe de celui-ci. Mais éros n'est pas constitutif du rapport qui lie le mari à sa femme, ni de celui qu'entretient l'éducateur avec son mignon, quoiqu'il doive le conquérir, en le courtisant et le séduisant.

Les philosophes grecs, dont Platon et Aristote, subordonnent toutefois les désirs et les plaisirs du corps, que l'homme partage avec les autres animaux, à la raison qui l'en distingue, et se méfient de toute passion qui l'obscurcit. Même Épicure, qui identifie le bien aux plaisirs, juge naturels, mais non nécessaires, les désirs sexuels et vaine toute passion, dont la passion amoureuse. Les philosophes grecs représentent la morale souhaitée, contrairement aux poètes qui décrivent comment se vivaient les tensions entre les désirs et les vertus préconisées.

LES ROMAINS, LE PATER ET LA MATRONE

Chez les Romains, l'homme, le *pater*, domine le clan familial et exerce jusqu'à sa mort son autorité sur ses fils, même adultes et mariés. Le père transmet son nom au garçon, qui peut être adopté, en l'élevant dans ses bras et en le reconnaissant comme fils. Mais, à Rome, la femme a une respectabilité qu'elle n'a jamais eue en Grèce : en tant que mère, matrone, elle fournit à Rome les citoyens dont celle-ci a besoin et, ayant reçu une éducation, elle est chargée de transmettre à ses enfants les valeurs des ancêtres, dont celle de la supériorité dominatrice et virile des mâles romains. De plus, les épouses romaines, contrairement aux grecques, participent à la vie sociale (rencontres, conversations et distractions) de leurs maris. Enfin, contrôlant une grande partie de leur dot et pouvant hériter du père, elles seront parfois convoitées pour leur fortune (Cicéron peut poursuivre une carrière politique grâce à son mariage avec la riche Térentia et, après un divorce qui met fin à trente ans de vie commune, avec la jeune, belle et non moins riche Publia) et exerceront ainsi un certain pouvoir, tout en demeurant formellement exclues de la scène publique.

Par ailleurs, l'adultère était sévèrement puni à Rome. À l'époque de la république, le mari trahi pouvait soumettre l'amant de sa femme à une panoplie de peines infamantes.

Pourtant, comme chez les Grecs, le désir sexuel n'est pas discriminé, pour le mâle romain, par son objet. Il peut être une femme ou un homme, un adulte ou un enfant (Cicéron chérira, comme mignon, un de ses esclaves). Ce qui distingue les Romains des Grecs, c'est que le désir du même ne peut porter sur un Romain qui, par nature et fonction, ne peut être qu'actif. Le Romain se glorifie de sa virilité. Le Romain est maître partout : sur les autres peuples, sur les esclaves et, par sa raison et sa volonté, sur son propre corps désirant. Dans le rapport sexuel, il assujettit son partenaire, naturellement passif. Comment le jeune garçon romain, s'il avait été contraint à la passivité par un adulte éducateur, aurait-il pu devenir le citoyen guerrier et dominateur? La morale romaine exclut donc les rapports homosexuels entre Romains, y compris entre un adulte et un enfant. Comme le démontre Eva Cantarella, chez les Romains, contrairement aux Grecs, aucun rapport pédagogique n'est lié, du début de Rome à la fin de l'empire, à la pédérastie. Les Romains avaient l'habitude de sodomiser les esclaves et parfois les ennemis défaits, mais les jeunes garçons romains, contrairement à la Grèce, n'étaient pas soumis à des rapports pédérastiques, du moins jusqu'à ce que l'influence grecque s'y fasse sentir.

Dans la vie pratique, cette morale est plus ou moins assumée, surtout à la fin de la république et au début de l'ère impériale, quand les mœurs de la Grèce décadente se répandent dans une Rome victorieuse et repue. Comme le raconte, entre autres, le poète Ovide (43 av. J.-C. à 17/18 ap. J.-C.), éros fait des ravages parmi la population : on reconnaît maintenant l'existence de Romains passifs ; la rumeur affirme qu'il est arrivé même au grand Jules César (101-44 av. J.-C.) d'être sexuellement soumis ; de jeunes Romains suscitent des émois amoureux chez leurs aînés ; des relations amoureuses adultères se multiplient.

Le stoïcisme d'Épictète (50-125/130) et de son disciple, l'empereur Marc Aurèle (121-180), cherche à contrecarrer cette dégénérescence des mœurs. Tout ce qui est du domaine du corps, plaisir comme douleur, devient inessentiel, indifférent : seule importe la raison, l'intention, par laquelle le sage entre en communion avec le Logos, Dieu, qui anime l'ensemble de l'univers. Le plaisir sexuel, comme tout plaisir, n'a aucune importance. La sexualité, affirme Épictète, doit être au service de la reproduction au sein du mariage ; elle est un devoir envers la patrie. Ce stoïcisme tracera la voie au christianisme qui deviendra une des deux religions officielles de l'empire, en 313, et seule religion officielle, en 380. Les empereurs christianisés s'attaquèrent particulièrement à l'homosexualité, en visant en premier lieu le comportement passif : castration pour les homosexuels passifs sous Constant Ier (337-350) et Constance II (337-361) ; le bûcher pour les prostitués homosexuels, puis pour tous les homosexuels passifs sous Théodose Ier (379-395) ; peine de mort pour tous les homosexuels, passifs comme actifs, sous Justinien Ier (527-565). Ils cherchèrent aussi à limiter le divorce, vilipendé par les premiers chrétiens, même s'il était accepté dans la culture hébraïque et même si les mœurs traditionnelles romaines admettaient la rupture du lien conjugal par la simple volonté des deux parties.

LE SEXE CHEZ LES JUIFS ET LES CHRÉTIENS

Du côté des juifs, le devoir est de « croître et se multiplier ». Cette obligation est renforcée par la diaspora : la procréation entre juifs est un des moyens de perpétuer le peuple, de maintenir ses croyances et de conserver ses coutumes propres. Aussi le livre du peuple juif, la Bible, condamne-t-il toute forme d'onanisme et d'homosexualité : la semence du juif ne doit pas être gaspillée et doit servir à la reproduction du peuple élu.

Le juif Saül de Tarse, saint Paul, véritable fondateur de l'Église, en plus de prohiber l'adultère, condamne toute forme d'homosexualité, passive comme active, masculine comme féminine. À l'opposition grecque et romaine entre activité et passivité, il substitue donc la dichotomie juive hétérosexualité/homosexualité, et la rend valable pour les deux sexes. Saint Paul affirme, de plus, que la chasteté est un mode de vie supérieur au mariage. Il rejoint ainsi la tendance païenne tardive, influencée par l'ascèse stoïcienne, mais s'éloigne de la morale juive qui reconnaît et valorise la sexualité, dans la mesure où le sperme du juif est déposé dans l'utérus de son épouse.

Saint Augustin reprend le rapport hiérarchique entre hommes et femmes, à l'œuvre dans la morale juive et dans celle des Anciens, en le justifiant par le mythe de l'origine de l'humanité. Il condamne particulièrement les désirs et les plaisirs sexuels, alors que la morale juive prohibe l'adultère tout en acceptant les plaisirs sexuels et que le stoïcisme méprise, sans discrimination, tout désir ou aversion, tout ce qui relève du corps.

Le péché originel, chez saint Augustin, détermine le rapport entre les sexes. Le démon, sous la forme du serpent, s'est adressé à Ève plutôt qu'à Adam parce qu'il savait la femme plus faible et crédule que l'homme. Adam, lui, transgresse la loi de Dieu, en acceptant les paroles de son épouse, Ève, parce qu'il l'aime. Ève pèche par faiblesse et crédulité en acceptant les paroles du diable; Adam pèche par amour en acceptant les paroles de son aimée. Aussi la femme, ayant démontré sa faiblesse morale lors de la Chute, doit être dorénavant soumise à l'homme.

La concupiscence sexuelle est la pire des passions, car si les autres passions sont la manifestation d'une volonté viciée qui préfère les biens terrestres aux biens célestes, la passion sexuelle révèle l'incapacité de la volonté de commander à l'organe sexuel : on peut décider d'assouvir un désir sans que le sexe réponde à cette volonté, tandis qu'inversement le sexe peut se mettre en mouvement malgré le refus de la volonté. Le mouvement du membre sexuel, contrairement aux autres membres, ne répond pas à l'appel de la volonté. La volonté peut refuser de suivre l'appel de la volupté, mais elle ne peut commander à son organe génital. Aussi Augustin, dans *Les Confessions*, demande l'aide de Dieu pour que la concupiscence arrête de le tourmenter, même dans son sommeil : « Votre main, Dieu qui pouvez tout, ne peut-elle point guérir tous les maux de mon âme, abolir aussi, par une surabondance de grâce, les mouvements lascifs de mon sommeil [...] afin que mon âme ne se rebelle plus contre elle-même, et que, même pendant le sommeil, non seulement elle ne consomme pas, sous l'influence d'images bestiales, des turpitudes dégradantes jusqu'à l'émission charnelle, mais qu'elle n'y consente même pas ? »

L'incapacité de l'homme à commander à son organe sexuel est aussi une conséquence de la Chute. Adam et Ève, ayant désobéi à Dieu lors du péché originel, sont punis par la désobéissance de leurs organes sexuels. Dorénavant honteux que l'âme, pourtant supérieure au corps, ne commande plus au sexe, dorénavant honteux de leur nudité, ils se couvrent le corps de feuilles de figuier.

Le mariage, pour Augustin, sera donc un bien qui repose sur la fidélité de l'homme et de la femme, et sur la sacralité d'une union qui devrait être indissoluble et dont la fin est la procréation. L'acte sexuel entre conjoints en vue de la procréation implique malheureusement un certain degré de concupiscence : seul le Christ, fruit de l'opération du Saint Esprit dans la Vierge Marie, a été engendré sans aucune luxure, sans qu'il hérite des conséquences du péché originel. L'acte sexuel entre personnes mariées, accompli en vue de la concupiscence, constitue un péché véniel, s'il cherche à éviter qu'un des deux membres du couple commette un péché mortel en recourant à la fornication ou à l'adultère.

Même si les prêtres pouvaient se marier à cette époque, Augustin choisit le célibat pour mieux se consacrer à Dieu, jugeant que le mariage, forme de vie bonne, est inférieur au célibat, à la virginité par laquelle un fidèle choisit Dieu comme époux. La sainteté des hommes et filles vierges, qui ne songent qu'aux moyens de plaire à Dieu, est supérieure à celle des époux qui doivent penser, en plus de plaire à Dieu, aux moyens de plaire au conjoint. Les premiers auront droit, selon Augustin, à une plus belle récompense dans l'au-delà que les seconds.

Cette morale d'une sexualité dont la fin est la procréation explique pourquoi, huit siècles plus tard, Thomas d'Aquin juge que l'onanisme, la bestialité et l'homosexualité offensent plus gravement Dieu que la fornication, l'adultère ou le viol.

L'AMOUR ET LE MARIAGE
À LA RENAISSANCE

L'amour, dira plus tard Montaigne, lie le plaisir sexuel, qui est le plaisir du corps le plus intense, à l'affection. L'auteur ne réprouve pas la sexualité. Il reprendra presque textuellement l'image de saint Augustin sur l'indocilité du membre sexuel, non pour la condamner, mais pour banaliser cette indocilité : tous nos membres peuvent se refuser à notre volonté. Il ne faut pas refuser le plus puissant plaisir corporel ; il faut en jouir avec modération, avec franchise, sans le couper de l'affection, de l'amour.

Par ailleurs, le mariage et l'amour sont pour Montaigne deux relations de nature différente. La base du mariage est économique. Montaigne se laisse marier par convenance – le célibat n'étant guère prisé – sans doute à l'instigation de son père qu'il aime beaucoup. Il est parfaitement favorable à l'intervention d'un tiers pour choisir l'épouse et organiser le mariage. L'épouse, fille de magistrat, apporte une belle somme comme dot, tandis que l'époux obtient de son père la jouissance du quart des revenus de la seigneurie de Montaigne. Le nouvel époux valorise avant tout, chez une femme mariée, les vertus de gestionnaire. Grand voyageur, il apprécie que sa femme veille à la gestion de ses terres durant ses absences prolongées.

La base du mariage est économique et sa fin est, comme chez les juifs, les Grecs, les Romains et les chrétiens, la procréation. Montaigne, qui aura une fille qui lui survivra, n'est pas animé par un grand désir de procréation. Il se contente de jouir de son être et déclare qu'être sans enfant a aussi ses avantages. En opposition aux coutumes ancestrales et conformément à la pratique de son père, il préconise une éducation, sans contrainte et sans punition corporelle, axée sur la liberté de l'enfant.

Le mariage n'a pour lui rien à voir avec la beauté et le désir amoureux. Montaigne met d'ailleurs les maris en garde contre la recherche des plaisirs amoureux avec leur femme, de crainte qu'elles y prennent goût et les exigent. Les mariages fondés sur l'amour ont, dit-il, le plus haut taux d'échec. Le mariage, reposant sur l'utile et la constance, n'a rien à voir avec l'intense, inutile et éphémère passion amoureuse. Le mariage est un plaisir plus plat, mais plus universel que l'amour. S'il est bien géré, il peut créer un climat de confiance réciproque et conduire à une durable affection et à une certaine amitié.

Montaigne chérit sa liberté et est fort porté sur l'amour, même s'il affirme qu'il a été, dans le mariage, plus fidèle qu'il ne l'aurait imaginé. Les hommes, dit-il, demandent aux femmes d'être chastes, «froides» dans le mariage et voluptueuses, «chaudes» comme amantes. L'homme, comme mari, craint avant tout d'être cocu, tout en recherchant auprès d'une autre l'intensité amoureuse. Les hommes imposent donc leurs lois, leur double morale, à leur épouse, qui ont bien raison de s'en plaindre. Pourtant Montaigne ne prêche pas la fidélité aux hommes, comme le faisait saint Augustin, car le plaisir sexuel est trop grand et trop puissant. Il leur demande plutôt d'assouplir leur attitude à l'égard des désirs amoureux de leurs femmes.

Montaigne reprend ainsi la conception traditionnelle du mariage et de la famille, tout en ouvrant des avenues nouvelles qui seront développées dans les siècles suivants. Contrairement à la conception chrétienne, il valorise à sa façon la passion amoureuse et la lie au plaisir sexuel, ce que ne faisait pas évidemment l'amour courtois. Il reconnaît de manière feutrée le désir de la femme et une certaine égalité dans les relations amoureuses. Mais il chérit d'abord sa liberté et prône une éducation des enfants centrée sur eux.

Les siècles suivants élargiront les fissures ainsi créées au sein de la tradition chrétienne par la Renaissance. Au nom des nouvelles valeurs de l'égalité et de la liberté, les femmes exigeront d'obtenir les mêmes prérogatives que les hommes. La passion valorisée, à laquelle sera subordonnée la raison, s'alliera à la soif de liberté et subvertira les rapports sexuels, le mariage et l'institution familiale. Partout circulera l'égalité des sexes.

L'ÉGALITÉ DES SEXES

Dans l'état de nature, dit Thomas Hobbes, chacun est égal à l'autre dans sa crainte d'être tué comme dans sa capacité d'attenter à la vie d'autrui. Même la femme, généralement moins forte physiquement que l'homme, peut le vaincre.

Dans l'état de nature, la domination de l'enfant appartient à la mère : elle seule connaît le père, la vie de l'enfant dépend de ses soins et celui-ci s'assujettit naturellement à la personne qui préserve sa vie. Or, dans la république, fondée par des pères, le pouvoir est exercé par des mâles, comme dans la famille l'autorité est celle du père. Personne, dit Hobbes, ne peut être soumis à deux maîtres, la souveraineté étant indivisible. Mais pourquoi ce pouvoir est-il exercé, dans la république et la famille, par le mâle ? Hobbes ne l'explique pas. Tous les penseurs subséquents seront confrontés à ce problème : comment concilier la valeur de l'égalité avec les inégalités de fait entre les femmes et les hommes ?

Jeremy Bentham s'inspire de la problématique de Hobbes sur la famille, même si, contrairement à celui-ci, il défend le principe de l'égalité des sexes au niveau politique.

Deux personnes, dit-il, ne peuvent vivre ensemble sans être confrontées un jour ou l'autre à des points de vue divergents sur une décision à prendre. Pour mettre fin à ce litige, une personne doit décider. Laquelle? Dans la plupart des familles, le pouvoir est exercé par l'homme qui est généralement le plus fort physiquement. Le droit civil doit, pour être efficace, refléter le rapport de forces réel et reconnaître légalement l'autorité du mâle. Ainsi, il y aura peu de transgressions et peu d'appels devant les tribunaux, ce qui se produirait inévitablement si la partie physiquement la plus faible, la femme, devait exercer le pouvoir.

Montesquieu défend, avant Bentham, une position similaire : le pouvoir domestique est aux mains de l'homme tandis que la femme pourrait, aussi bien que lui, exercer le pouvoir politique. Mais la plupart des auteurs défendent l'absence des femmes en politique, justifient la place différente occupée par les hommes et les femmes dans la société, tout en tentant d'expliquer pourquoi l'homme doit dominer la sphère familiale où il n'œuvre pas.

Jean-Jacques Rousseau légitime les rapports hommes/ femmes, en affirmant qu'ils sont égaux à travers et par leurs différences sexuelles. L'activité, la force, l'audace et l'attaque définissent le sexe de l'homme; la passivité, la faiblesse, la pudeur et la défense, celui de la femme. L'homme plaît par la force, la femme par ses charmes. La femme excite la force de l'homme en la rendant nécessaire par la résistance. De ces différences sexuelles naturelles découlent toutes les autres par lesquelles les deux sexes compensent leurs faiblesses réciproques et se révèlent égaux dans leurs dissemblances.

L'homme, de par sa force, domine la relation, et la femme lui doit obéissance. Mais la femme, par l'amour qu'elle suscite, par le désir qu'elle entretient, gouverne le cœur de l'homme, en devenant l'arbitre de ses plaisirs. Si la femme gère bien les faveurs qu'elle accorde à l'élu de son cœur, elle pourra le laisser paraître le plus fort, tout en exerçant sur lui son autorité.

L'intelligence de l'homme est théorique, celle de la femme, pratique. Si la femme apprend de l'homme ce qu'il faut poursuivre (la fin), l'homme apprend de la femme ce qu'il faut faire (les moyens). L'homme a besoin de connaissances pour choisir les choses utiles ; la femme a besoin de goût pour choisir les choses agréables. La présence d'esprit et les observations fines sont des caractéristiques du sexe féminin. L'homme réfléchit sur le cœur humain en général ; la femme lit dans le cœur des hommes qu'elle côtoie. Dépendant de l'homme pour satisfaire ses besoins et ceux de ses enfants, la femme doit apprendre à concilier sa propre conscience avec le jugement de son mari qu'elle doit continuellement charmer et dont elle doit conserver l'estime. La femme, étant soumise au mari, doit être gentille et douce, l'aigreur et l'opiniâtreté ne pouvant qu'augmenter les sévices de ce dernier. Elle doit apprendre, comme l'enseignait Hume, à subordonner sa conduite aux règles de l'opinion publique, quoique, concède Rousseau, elle doive choisir sa conscience lorsque celle-ci se révèle inconciliable avec cette opinion publique. En plus des connaissances nécessaires à ses devoirs d'épouse et de mère, la femme doit étudier les hommes qui l'entourent et auxquels elle est assujettie par la loi et l'opinion publique. Il faut qu'elle apprenne à découvrir, à travers leurs paroles, leurs actions, leurs gestes et leurs regards, les sentiments qui les animent et qu'elle sache les toucher par ses propres paroles, gestes et regards.

Toute l'éducation des femmes doit être relative aux hommes : elles devront charmer leurs maris comme épouses et devront, comme mères, éduquer les garçons avec leurs filles. À ce double titre, elles seront les gardiennes des mœurs nécessaires à un sain fonctionnement de l'État.

La problématique rousseauiste de l'égalité à travers les différences sexuelles sera reprise, sous une forme ou sous une autre, par plusieurs auteurs, dont Alexis de Tocqueville et Friedrich Nietzsche.

Émile Durkheim (1858-1917) fonde, lui, les rapports de sexe sur la division du travail. Celle-ci, en démarquant la femme, qui s'occupe des fonctions domestiques et affectives, de l'homme qui prend en charge les fonctions sociales et intellectuelles, multiplie les obligations réciproques et rend possible une relation conjugale intime et durable. Le renforcement de l'union conjugale serait, au-delà de l'augmentation du rendement et de la productivité, l'effet le plus remarquable de la division sexuelle du travail.

Pourquoi l'homme se suicide-t-il plus que la femme? Pourquoi les divorcés se suicident-ils davantage que les divorcées? Pourquoi le nombre d'épouses qui se suicident augmente-t-il dans les sociétés où le divorce est impossible tandis qu'il régresse dans les autres? L'homme, dit Durkheim, a besoin que le mariage monogamique borne ses instincts sexuels, ses passions et ses sentiments affectifs et amoureux, sources d'inquiétudes et de tourments. Les mœurs accordent à l'homme une certaine indulgence envers ses infidélités tandis que la femme est soumise à un code sexuel rigoureux et impitoyable : le mariage oblige la femme sans compensations.

Durkheim ne propose pas l'élargissement du droit au divorce en vue de libérer les femmes. Il recommande, au contraire, de le limiter afin de réduire le nombre de suicides chez les hommes. Mais, pour que cette limitation n'accroisse pas celui des épouses, il suggère que la femme soit socialisée en lui attribuant, comme cela se pratiquait dans certains milieux bourgeois, les fonctions littéraires et artistiques. Les nouvelles fonctions esthétiques de la femme complétant les fonctions utilitaires de l'homme, la femme se socialiserait et se rapprocherait de l'homme, dans le respect des différences nécessaires à la solidité de l'union conjugale.

John Stuart Mill, qui n'a guère influencé Durkheim, a été l'un des premiers penseurs masculins à défendre systématiquement l'application aux femmes du principe d'égalité, suivant en cela les positions des féministes, dont celles de sa seconde épouse.

L'intérêt qu'a l'homme de posséder la femme et sa force musculaire pour s'imposer sont, dit-il, à l'origine de l'assujettissement des femmes. Les lois et les systèmes sociaux et politiques ne font qu'entériner ce rapport de forces préexistant. Le monde moderne a remis en question toutes les inégalités jugées autrefois naturelles : chacun est libre et égal à la naissance, chacun peut se réaliser dans l'occupation qu'il préfère, chacun peut faire la vie qu'il veut. Comment peut-on alors justifier que seule la femme soit encore soumise au principe inégalitaire du vieux monde moral et intellectuel disparu avec le Moyen Âge ?

On enseigne encore à la femme que sa nature affective et morale ne se réalise que par le dévouement à son mari et à ses enfants. La reconnaissance, à laquelle tout le monde aspire, et les autres biens de la société ne peuvent ainsi lui venir que du mari auquel elle est assujettie.

Il existe sans doute des différences entre les deux sexes, mais on ne peut attribuer à la nature les différences présentes façonnées par les coutumes et l'éducation. Ainsi on prétend que la vocation naturelle des femmes est le mariage et la maternité. Alors pourquoi, si cette vocation est si naturelle, leur bloquer toute autre issue? Pourquoi la société les réduit-elle au mariage?

Certaines femmes, dit Mill, peuvent évidemment se transformer en mégères et rendre malheureuse la vie de leurs maris. Mais ce sont des femmes fortes qui exercent une «contre-tyrannie» envers des maris qui sont souvent peu tyranniques. Plusieurs femmes ont évidemment tendance à réduire l'intérêt de l'humanité à celui de leur famille, à s'intéresser moins à la société et à la politique qu'à ce qui peut procurer à leur mari une reconnaissance, à leur fils une place et à leur fille un bon mariage. Mais ces femmes ont l'intérêt de la situation à laquelle les a réduites la société dominée par les hommes.

Mill admet que des décisions doivent être prises par une personne lorsqu'elles exigent une rapidité que la recherche du compromis ne permet pas. Mais pourquoi cette décision doit-elle être nécessairement, comme le postule Bentham, celle de l'homme? Pourquoi la force devrait-elle déterminer la justice? Pourquoi n'y aurait-il pas un partage du pouvoir entre l'homme et la femme, chacun ayant le dernier mot sur la partie qu'il dirige?

La femme doit, elle aussi, accéder à la modernité. L'égalité avec l'homme doit lui être reconnue: mêmes droits de citoyen, dont les droits de vote et de représentation; même droit à l'occupation de son choix; même droit à une éducation qui rend possibles ces emplois. Lorsque cette égalité sociale sera réalisée, il sera enfin possible de déterminer les différences naturelles entre sexes, les différences qui relèvent réellement du sexe, et non de la coutume, des mœurs ou de l'éducation.

Une telle égalité comporterait les quatre avantages suivants. D'abord, elle supprimerait l'un des fondements importants de l'égoïsme, l'injuste préférence de l'homme, le culte de lui-même par rapport à la femme, culte entretenu depuis la plus tendre enfance. Second avantage, l'égalité doublerait les capacités intellectuelles de l'humanité en ouvrant aux femmes les mêmes possibilités d'occupation que les hommes. Troisième avantage, les femmes, ayant accès à la même éducation que les hommes, pourraient partager avec eux des goûts et des désirs semblables et devenir, dans le mariage, des compagnes de vie, au lieu d'être réduites à l'état de servantes ou de maîtresses. Enfin, dernier avantage, la moitié de l'humanité aurait ainsi accès à la liberté qui, selon Mill, est, après la nourriture, le vêtement et le gîte, le premier des biens de l'être humain.

Le programme de Mill a été en grande partie réalisé au XXᵉ siècle, en Occident. Les femmes obtiennent, dans la première moitié de ce siècle, le droit de vote et de représentation que la classe ouvrière avait arraché une cinquantaine d'années plus tôt. Elles gagnent peu après l'égalité juridique. Elles conquièrent dans les années quatre-vingt un accès égal aux études supérieures. Elles luttent maintenant pour obtenir un semblable accès au marché du travail et l'équité dans la rémunération.

L'AMOUR

Sur l'amour, il faut d'abord revenir au châtelain de la Dordogne. Montaigne fonde l'union conjugale sur l'intérêt économique et la reproduction. Il faut se rappeler que l'économie reposait alors fondamentalement sur l'autosuffisance, la plupart des familles vivant de l'agriculture et consommant en grande partie ce qu'elles produisaient. Ce faisant, il n'innove guère, reprenant les positions traditionnelles des juifs, des Grecs, des Romains et des chrétiens. Mais en valorisant l'amour hors des liens du mariage, comme le faisait le poète romain Ovide, il se démarque des traditions juive et chrétienne qui condamnaient l'adultère en acte ou en pensée.

Plus tard, Jean-Jacques Rousseau rompt avec la tradition « réaliste » du mariage : l'union conjugale est fondée sur l'amour. L'amour, dit-il, implique la réciprocité des sentiments. Ce sentiment réciproque ne repose pas sur la connaissance de l'autre, mais sur son image idéalisée. On aime davantage l'image de l'autre que l'autre lui-même. L'amour repose ainsi sur des illusions, mais les sentiments qu'il inspire sont bien réels. Rousseau vénère l'amour parce qu'il nous élève au-dessus de l'appétit sexuel pour lequel tout objet de désir est interchangeable. Par l'amour, deux êtres se choisissent et tous les autres deviennent sexuellement indifférents. Cet amour idéalisé est d'origine courtoise, même si au Moyen Âge la femme aimée et courtisée était théoriquement inaccessible, tandis que l'amour n'est pas détaché de la sexualité pour Rousseau.

Contrairement à la coutume et à ce que préconisait encore Montaigne, les parents ne doivent plus choisir l'épouse de leur fils. Ce choix relève des futurs époux, êtres libres, qui doivent suivre le penchant de leur cœur. Les parents doivent, tout au plus, être consultés sur ce mariage d'amour.

Comment l'amour, s'il renvoie à l'image idéalisée de l'autre, peut-il perdurer ? Cette image ne sera-t-elle pas peu à peu détruite quand elle sera confrontée à la réalité ? Rousseau ne répond pas directement à cette question, quoiqu'il avoue l'usure de tous les plaisirs par la jouissance, et de la passion amoureuse avant tous les autres. Mais il croit qu'une affection, une confiance réciproque et une tendre amitié peuvent remplacer la passion déclinante, les enfants se substituant à celle-ci pour lier les époux.

Friedrich Hegel (1770-1831) reprend ensuite de Rousseau le fondement amoureux de la famille, en supprimant toutefois son caractère imaginaire. Le couple, dit-il, repose fondamentalement sur un sentiment d'amour et de confiance. L'amour est inclination vers l'autre mais aussi conscience de l'unité formée avec l'autre, conscience de dépasser les limites de l'isolement, comme personne autonome et indépendante, par une relation avec l'autre qui rend plus complet et plus parfait.

L'institution du mariage, essentiellement monogamique, rend éthique ce don réciproque et total de deux personnalités, en soustrayant de l'amour tous les éléments passagers et capricieux. Reposant sur un sentiment, l'état de mariage et la fondation d'une famille constituent de plus la destination objective de l'homme et de la femme, leur devoir éthique. Le sentiment naturel d'amour se fusionne ainsi avec le devoir social de se perpétuer dans la fondation d'une famille.

Le mariage, par son but éthique qui dépasse le sentiment amoureux, devrait être indissoluble. Mais se fondant sur l'amour ct la confiance, il peut être dissous lorsque ces liens affectifs en viennent à se dénouer. Si chacun, étant libre, ne peut être contraint au mariage, aucun couple ne peut être obligé de demeurer marié lorsque la méfiance et la haine le déchirent. La décision de divorcer ne doit toutefois pas être laissée à l'arbitraire individuel : une autorité éthique supérieure relevant de l'État doit se prononcer, en limitant, au nom du bien de la société, les cas de divorce.

Rousseau affirmait, on s'en souvient, que la passion amoureuse, fondement du mariage, doit se muer en amitié affectueuse, tandis que Hegel, dont la philosophie veut tout réconcilier, lie fondation amoureuse et devoir. Sören Kierkegaard (1813-1855), qui refuse de relativiser sa soif d'absolu, affirme pour sa part que le mariage doit conserver dans le temps l'intensité amoureuse du début.

L'amoureux se sent, dit-il, irrésistiblement attiré par l'objet de son amour. Il transforme cette nécessité en liberté, en inscrivant son coup de foudre dans le temps et dans l'histoire, en œuvrant à transformer le présent amoureux en avenir, en cherchant à éterniser l'amour ressenti. Pour réussir cet engagement, l'amoureux doit privilégier l'intériorité sur l'apparence physique, la beauté intérieure pouvant s'accroître au fur et à mesure que la seconde se délabre.

Pour Kierkegaard, le mariage n'est pas le tombeau de l'amour et la passion amoureuse est compatible avec le temps. Le philosophe refuse donc tout compromis. Il rejette le mariage pour un temps, le « temps que ça dure ». Il condamne pareillement tout mariage de raison. On ne doit se marier que par amour, et la volonté de le prolonger dans le temps est le seul fondement de l'engagement conjugal : aucune raison extérieure à l'amour, y compris le désir d'enfants, ne peut le justifier.

Kierkegaard reconnaît l'existence de mariages ratés. Il condamne d'ailleurs beaucoup plus les époux non amoureux que les divorcés. Ceux-ci ont au moins eu le courage de se séparer alors que ceux-là, enfermés dans leur enclos conjugal, gémissent sur la disparition de la passion amoureuse et se plaignent amèrement de leur mariage.

Le mariage combine la spontanéité de l'amour avec le devoir d'aimer. L'éthique permet au particulier (telle personne singulière rencontre et aime telle autre personne singulière dans telle circonstance précise) d'accéder au général, au devoir de se marier. Le devoir ne supprime pas l'amour : il exige son inscription dans le temps. L'amour est transparence, ouverture entre deux êtres, don de soi :

« Tu l'aimes vraiment ? Alors tu dois l'aimer pour la vie. »
Évidemment, le mariage exige la foi, la foi dans le mariage.

En somme, Rousseau, Hegel et Kierkegaard reprennent
une division du travail similaire dans le couple (la femme,
gardienne des mœurs dans la famille ; l'homme pour-
voyant à celle-ci par son travail, intervenant dans la vie
publique, en plus de philosopher), tout en supprimant
l'économie et en minimisant la procréation qui constituaient traditionnellement les fondements du mariage. Un
sentiment, la passion amoureuse, est à l'origine d'une
institution sociale et le provisoire doit fonder une permanence, même si on ne sait trop comment, même si on ne
sait au nom de quoi les individus libres devraient sacrifier
l'intensité à la durée.

Il restait encore à savoir comment pourrait se faire ce
qu'on appellera la libération sexuelle.

LA LIBÉRATION SEXUELLE

Au XVIIIᵉ siècle, tout en affirmant l'égalité de nature
entre l'homme et la femme, David Hume prend note
qu'ils occupent une place différente au sein de la société :
l'homme œuvre dans la sphère publique tandis que la
femme a la charge du travail domestique. Il reconnaît que
cette position sociale différente avantage le sexe mâle, y
compris dans la société conjugale. Hume justifie cet avantage par l'incertitude ressentie par le mâle procréateur :
l'homme ne peut jamais être certain de la paternité des
enfants que la femme lui attribue. Or, pour que l'homme
travaille afin d'entretenir et élever ses enfants, il faut qu'il
soit assuré qu'ils sont vraiment les siens. Hume trouve
cette garantie dans la chasteté de la femme.

La femme, autant sinon plus que l'homme, est sollicitée par les plaisirs amoureux : elle n'est pas naturellement chaste. La chasteté est une vertu artificielle, mais non arbitraire, fondée sur des conventions humaines, appuyée par une opinion publique vigilante, renforcée par la loi et transmise par l'éducation. La modestie dans les manières et les mœurs, la pudeur et la chasteté de la femme ne peuvent reposer uniquement sur la sévérité de la loi qui exige des preuves difficiles à avancer. Elle doit s'appuyer sur une opinion publique qui condamne plus sévèrement que justement tout soupçon d'infidélité, en lui attachant une mauvaise réputation qui couvre de honte celle dont le comportement ou les manières auraient suscité des doutes sur sa vertu. Les sanctions de l'opinion publique seront renforcées par une éducation qui s'empare de l'esprit malléable de la femme dès sa plus tendre enfance. De plus, l'obligation de chasteté sera étendue au-delà de sa nécessité, au-delà de la période où la femme est féconde, de sa naissance à sa mort.

Hume, contrairement à Montaigne, ne remet pas en question la double morale qu'il défend. L'histoire et la pratique de l'humanité montrent que l'homme n'est pas soumis aux mêmes exigences morales que la femme – la société y trouvant moins d'intérêt – quoiqu'elles enseignent que l'homme ne devrait pas jouir d'une entière liberté de satisfaire ses appétits sexuels.

Jean-Jacques Rousseau affirme que l'homme, comme la femme, doit être fidèle, mais juge que l'adultère de la femme est pire que celui de l'homme, pour les mêmes raisons que Hume. Cependant, il dit que l'homme ne doit pas imposer par la force son désir à sa conjointe : le plaisir sexuel doit être également partagé entre les deux membres du couple. Emmanuel Kant défend le même principe d'égalité : les époux, en tant qu'ils se possèdent réciproquement, deviennent chacun à son tour l'instrument de la jouissance sexuelle de l'autre. Le principe, cher aux chrétiens, de l'égalité sexuelle de l'homme et de la femme est donc réaffirmé, non dans le refus du plaisir, mais dans son adhésion.

C'est seulement à l'aube du XXe siècle que Sigmund Freud remettra en question la conception judéo-chrétienne de la sexualité orientée vers la procréation au sein du mariage.

Freud distingue alors trois moments, historiques ou personnels, dans notre rapport avec la sexualité, le premier étant lié au développement de l'individu et les deux autres, à une période historique. Le premier moment, autoérotique, est celui du nourrisson, où la pulsion sexuelle est polymorphe, perverse et peut se fixer sur l'une ou l'autre partie du corps. Le deuxième moment, inauguré par la morale juive, affirme que tout plaisir doit être au service de la reproduction. Enfin, la période chrétienne rend seule légitime la sexualité génitale au sein du mariage.

La sexualité enfantine, dit d'abord Freud, doit être canalisée si on veut ultérieurement que la pulsion sexuelle soit contrôlée et utilisée intelligemment.

Le deuxième moment, orienté vers la procréation, interdit, en tant que perversions, toutes les satisfactions extragénitales et réprime l'homosexualité. Cette prohibition peut conduire, dans le meilleur des cas et en particulier chez les homosexuels, à la sublimation culturelle, mais elle produit généralement des conduites inhibées, des névroses ou des comportements enfreignant la morale imposée. Cette prohibition, dit Freud, est injuste et inéquitable, car elle ne respecte pas les individus auxquels elle impose la même norme, indépendamment de la diversité d'intensité et de buts de leurs pulsions sexuelles.

Le troisième moment, plus prohibitif, interdit tout plaisir sexuel hors du mariage. L'abstinence sexuelle est imposée à tous les individus des deux sexes avant le mariage et pour la vie à ceux qui refusent de contracter un mariage. Même au sein du mariage, la crainte de procréer trop d'enfants et des moyens contraceptifs inadéquats entraînent, après quelques années, l'insatisfaction sexuelle des époux. Le troisième moment ne réprime donc pas seulement une minorité dont le comportement est jugé anormal, il impose à la majorité des normes qui conduisent à la souffrance, à la névrose ou à des conduites hypocrites.

En réponse aux féministes qui critiquent ses positions sur les femmes et lui reprochent de comprendre le féminin à la lumière du masculin, Freud affirme que la constitution psychique bisexuelle de chacun fait que la masculinité et la féminité à l'état pur existent rarement, que chaque individu possède dans des proportions variées des traits de l'une et de l'autre.

Freud ne préconise pas la libération sexuelle. Il affirme, d'une part, que la sexualité de l'individu ne doit pas être réduite à sa fonction de reproduction (il y va de son bonheur) et, d'autre part, que la civilisation requiert la répression, le déplacement et la sublimation d'une grande partie de la libido. Les sociétés industrialisées retiendront la première partie de sa position et oublieront la seconde.

Dans le dernier tiers du XXᵉ siècle, les sociétés occidentales sont traversées par des mouvements de libération sexuelle qui réclament la même liberté pour les femmes que pour les hommes, la même liberté pour les homosexuels que pour les hétérosexuels. Grâce à la pilule contraceptive, les femmes peuvent rechercher la jouissance sexuelle sans craindre des conséquences non voulues. Elles obtiennent de plus, et peu à peu, le droit à l'avortement sur demande, ce qui leur permet de se débarrasser de fœtus non désirés. La procréation n'est plus la norme : la jouissance lui a succédé. L'épidémie de sida freinera tout à coup ce mouvement, mais sans annihiler ses effets.

La crainte catholique du plaisir sexuel et la canalisation judéo-chrétienne de la sexualité vers la procréation au sein du mariage sont finalement abolies comme critères de comportement, sans que soit supprimée la régulation sociale de la sexualité. Au couple activité/passivité des Anciens s'est substitué le couple contemporain hétérosexualité/homosexualité, les homosexuels exigeant d'être reconnus au même titre que les hétérosexuels. La bisexualité n'est guère nommée et valorisée : on est homo ou hétéro. Les femmes, indépendamment de leur orientation sexuelle, obtiennent le même droit à la jouissance sexuelle que les hommes. La répression s'est toutefois appesantie contre les adultes qui ont des rapports sexuels avec des mineurs, indépendamment de leur sexe et qu'ils soient consentants ou non. La subordination de la procréation à la jouissance et l'éclatement de la famille traditionnelle ne sont sans doute pas sans lien avec le renforcement de la répression sociale et légale de la pédérastie.

COUPLE ET FAMILLE

Chaque individu, homme ou femme, libre et égal, poursuit donc aujourd'hui ses intérêts et cherche la satisfaction de ses désirs. Le couple prend alors diverses formes : couple marié, conjoints de fait, conjoints de même sexe, conjoints avec ou sans enfants, couple pour le temps de la passion, couple sans cohabitation... La famille se fragmente : famille traditionnelle, famille monoparentale, famille reconstituée, famille dont les «parents» sont de même sexe...

Il n'y a plus de norme ou, plutôt, la norme du «couple marié en vue d'avoir des enfants et de fonder une famille» est battue en brèche par le nombre grandissant d'exceptions. La procréation n'est plus une fin à laquelle sont soumis les femmes et les couples. L'enfant possible est confronté aux autres biens disponibles : combien coûte-t-il? quels plaisirs apporte-t-il? constitue-t-il un frein ou un atout à l'épanouissement personnel?

Les sociétés industrielles, dont la norme est la libre poursuite par chacun de ses propres plaisirs, n'arrivent plus à se reproduire. Afin de compenser leur déficit démographique, elles doivent recourir de plus en plus à l'immigration de parents potentiels ou de familles provenant de sociétés peu ou pas industrialisées. Nous voici rendus bien loin des fondements premiers de notre civilisation. Serait-ce pour mieux valoriser le marché?

VI

LE MARCHÉ
PLUTÔT
QUE LA COMMUNAUTÉ

La sociologie naît d'une interrogation : comment comprendre ou expliquer les différences entre la société industrielle et celle qui l'a précédée ? Émile Durkheim et Max Weber reprennent à leur compte la distinction de Ferdinand Tönnies (1855-1936) entre communauté et société, même si leurs présupposés méthodologiques sont tout à fait opposés, Weber voulant, contrairement à Durkheim, expliquer la société par l'individu. Max Weber caractérise la communauté par le sentiment subjectif d'appartenance fondé sur les coutumes et sur les traditions, tandis que la société reposerait sur une coordination d'intérêts motivés rationnellement (l'entreprise) et sur un compromis d'intérêts motivés de la même façon (le marché). Durkheim définit la communauté par la similitude de sentiments, de valeurs et de comportements entre individus semblables et la société par la division du travail qui individualise chacun et le lie à l'ensemble social par l'intermédiaire de la fonction particulière qu'il y exerce.

Au-delà de ces différences, somme toute secondaires, la communauté est pour ces trois auteurs une société holiste où le tout détermine les parties. Chaque individu, selon son sexe, sa place et sa fonction, est lié à la communauté comme la main ou le pied l'est au corps. À quelques exceptions près, dont sans doute celle d'Épicure, toutes les réflexions des penseurs précédant la Renaissance ne peuvent être comprises qu'à l'intérieur de ce paradigme. Ainsi, pour Aristote, la politique est la science architectonique dont dépendent toutes les autres sciences pratiques, y compris l'éthique. Celle-ci vise le bonheur de l'individu et la politique, celui de la communauté. Pour Aristote, le bonheur de l'individu fait partie de celui de la *polis*, qui est la fin de toutes les autres associations humaines et constitue une fin supérieure à celle de l'individu. Les quelques sages ou philosophes peuvent sans doute accéder, par la contemplation de la vérité, à un bonheur supérieur à celui du citoyen, mais ce bonheur du sage comprend le principe de la subordination du bonheur privé au bonheur de la communauté. Disciple d'Aristote, le chrétien Thomas d'Aquin ne retient pas de son maître le terme de bonheur, car seule lui importe la béatitude éternelle. Il remplace le bonheur, cher aux Anciens, par l'idée de bien commun, de bien de la communauté, auquel doivent être subordonnés tous les autres biens particuliers, dont celui de l'individu.

La communauté, la société traditionnelle ne repose pas sur le marché. L'économie, comme l'affirmait Aristote, relève de la sphère privée, de la société domestique. L'économie est essentiellement agricole et les familles consomment en grande partie ce qu'elles produisent. Il existe un marché où les paysans échangent une partie de leur production contre les outils que fabriquent les artisans. Il existe aussi des petits commerçants qui favorisent les échanges et des grands commerçants qui organisent l'import-export. Les artisans, jugés utiles, sont considérés comme inférieurs à ceux qui vivent de la terre ; les petits commerçants sont souvent perçus comme des voleurs, qui s'enrichissent en ne produisant rien ; les grands commerçants sont craints pour leur puissance économique et critiqués pour leur manque de vertu. Les marchés existent donc, mais sont dépréciés par rapport à l'économie d'auto-suffisance.

Chez les Grecs, du moins tant que leurs *polis* demeurent autarciques, les pouvoirs de l'État recoupent les pouvoirs municipaux, les pouvoirs judiciaires qui règlent les différends entre les citoyens ou qui sanctionnent les individus allant à l'encontre de la communauté, le pouvoir militaire et, enfin, le système fiscal pour financer ces diverses activités. Avec l'empire romain, dont l'hégémonie repose en grande partie sur le respect des autorités politiques locales et régionales, l'État semble se réduire à l'armée, qui impose la loi et la paix romaines, et à la collecte de l'impôt pour financer ses activités. Cette vision d'un État, qui regroupe des communautés et dont les fonctions sont réduites, traverse le Moyen Âge et a encore cours à la Renaissance. Ainsi Jean Bodin, pourtant définisseur de l'État moderne (souverain au pouvoir absolu et indivisible), affirme que les revenus du domaine royal devraient normalement subvenir aux besoins de l'État, sauf s'il est en guerre. Montaigne, qui fut conseiller du Parlement de Bordeaux puis maire durant deux mandats, confirme qu'il est relativement facile pour un noble de rester à l'écart de l'État, sans que celui-ci, sauf en de rares occasions, intervienne dans sa vie.

L'atomisation du corps social, l'extension du marché et la croissance de l'État sont trois phénomènes concomitants qui se développent à des rythmes variables à partir du XVIIᵉ siècle.

LA GRANDE TRANSFORMATION

Au XVIᵉ siècle, en Angleterre, les nobles et les grands fermiers transforment leurs terres arables en pâturages et les clôturent (*enclosures*) : la production de la laine des moutons est plus rentable que celle des produits de la terre. L'élevage exigeant moins de travail que l'agriculture, les serfs sont «libérés». La révolution industrielle, selon Karl Polanyi (1886-1964), s'amorce ainsi en Angleterre, sans qu'elle ait été voulue ou décidée par qui que ce soit.

Que faire des serfs libérés et des paysans expropriés auxquels on a enlevé les moyens de subvenir aux besoins de leurs familles? Deux lois (la loi sur les pauvres de 1601 et la loi du domicile de 1662) confient aux paroisses la charge d'assurer l'entretien de ces nouveaux pauvres.

Ceux-ci deviennent un fardeau financier de plus en plus lourd pour les paroisses. De plus, n'étant socialement protégés que s'ils demeurent dans leur paroisse d'origine, ils sont peu portés à quitter leur patelin pour aller chercher du travail dans les manufactures de tissage de laine qui vont se multiplier en Grande-Bretagne. Aussi, après bien des modifications aux lois existantes et après plusieurs commissions d'enquêtes, les paroisses sont, en 1834, libérées de l'obligation de subvenir aux besoins de leurs pauvres qui sont ainsi condamnés, sous peine de crever de faim, à quitter le lieu de leurs ancêtres pour chercher du travail là où les manufactures s'installent : le marché libre du travail vient d'être créé.

L'extension du marché détruit les institutions dans lesquelles les communautés incarnaient leur existence. Les membres de celles-ci, arrachés à leur espace natal, leurs coutumes et leurs traditions, s'éloignent peu à peu des normes morales ancestrales et perdent le respect d'eux-mêmes. Le XXe siècle a reproduit dans les pays du tiers-monde les conditions auxquelles ont été soumises les classes laborieuses européennes au XIXe : les institutions traditionnelles, qui protégeaient tout individu contre la menace de mourir de faim, sont saccagées afin que chacun soit obligé de se soumettre au marché du travail.

Le marché autorégulateur, comme sous-système économique, s'étend et en arrive à dominer l'ensemble des relations sociales. Le gain, comme mobile d'action, devient la norme du comportement quotidien et se subordonne les vertus traditionnelles. L'homme et la nature, qui constitue son environnement, doivent s'inscrire au sein du marché, être soumis à la loi de l'offre et de la demande, devenir des biens produits pour la vente ; ils doivent se transformer en marchandises. Les relations entre les hommes, qui structuraient jusqu'ici les rapports économiques, sont dorénavant perçues, comme Karl Marx le montre, comme des rapports entre choses.

Dans ce processus de marchandisation, l'État intervient, selon Karl Polanyi, de façon contradictoire. D'une part, il participe, grâce à la loi, la police et l'armée, à la suppression des coutumes et des lois anciennes qui entravent le développement et l'extension du marché autorégulateur. D'autre part, l'État doit dicter à ce marché des règles afin de protéger les populations maintenant démunies, soumises à la dictature du profit et de la concurrence (lois sur les accidents de travail, inspection des usines, assurances sociales, gestion des services publics...).

PRIMAUTÉ DE L'INDIVIDU

Les communautés, fondées sur la religion des ancêtres, la parenté, le voisinage et l'échange de produits entre artisans et paysans, doivent être détruites pour laisser place à des individus libérés des allégeances traditionnelles, des individus qui pourront contracter selon les lois de l'offre et de la demande, des individus dont les relations seront structurées par l'économie.

La justice consiste à rendre à chacun ce qui lui est dû. Cette définition ne change guère, des Anciens aux modernes. Ce qui change c'est le contexte dans lequel cette vertu ou cette valeur s'inscrit. Chez les Anciens, les individus sont incorporés à une communauté qui les définit par la place et la fonction qu'ils y occupent. Les capacités juridiques de chacun – ses droits et devoirs – sont attachées à la fonction qu'il exerce, et non à l'individu lui-même. La justice y est distributive. Elle est égale, parce qu'elle tient compte de l'inégalité de vertus intellectuelles et morales entre un aristocrate, un paysan et un artisan. Même chez les Romains, dont notre droit est tributaire, le droit contractuel est subordonné au droit de la république ou de l'empire, dont la base est la famille et non l'individu. Chez les modernes, l'individu libre et égal est premier. Cet individu, égoïste, entre en concurrence avec d'autres pour s'accaparer les biens rares offerts par l'industrie exercée par l'homme sur une nature parcimonieuse. La justice y est une valeur qui protège les biens de chacun et garantit l'échange de biens entre individus. La justice est commutative : elle respecte l'égalité de chacun dans le droit de posséder et dans le droit de contracter.

Chez les modernes, le hiatus entre l'individu et l'État est complet. Même Emmanuel Kant, dont la philosophie morale se construit contre les diverses conceptions eudémonistes, affirme que la république, par ses lois, permet à chacun de poursuivre son propre bonheur dans le respect des libertés d'autrui. Il n'y a pas chez Kant de bonheur collectif ou de bien commun auquel serait assujetti le bonheur de chacun ou son bien privé. La politique est, contrairement aux Anciens, détachée de la morale et chacun est libre de poursuivre son propre bonheur ou bien-être, que celui-ci soit conforme ou non avec les règles de la morale que Kant définit.

Comment passer des individus égoïstes et en lutte les uns contre les autres à l'État? Kant suit Thomas Hobbes : chacun aspire à un État de droit qui le protège des convoitises d'autrui, même s'il incline secrètement à s'exempter des obligations que l'État impose. Par ses lois, l'État freine les intérêts égoïstes des individus, comme si chacun était naturellement et moralement disposé à être attentif aux besoins des autres. Un État fort et répressif est donc paradoxalement la condition nécessaire de l'individu libre et égal.

Le philosophe eudémoniste Jeremy Bentham affirme, comme les Anciens, que la fin de l'État est le bonheur, mais ce bonheur n'est pas celui d'une communauté qui, pour Bentham, n'est pas une entité réelle, mais une métaphore, une «fiction» qui recouvre la somme, l'addition des membres qui la constituent. Le bonheur n'est pas non plus défini en termes de vertus, mais plutôt d'intérêts ou de plaisirs. Le bonheur, l'intérêt collectif ou l'intérêt public de l'État est donc la somme des intérêts des membres ou plutôt – et dans la mesure où l'État ne peut satisfaire tout le monde – l'addition des plaisirs du maximum de membres. Le bonheur visé par l'État est donc une réalité comptable. En définitive, l'État n'a pas affaire à un individu plus réel que la collectivité, mais à une réalité statistique.

Friedrich Hegel et Émile Durkheim croient, après Adam Smith, que les intérêts égoïstes des individus sont conciliables avec l'intérêt collectif : chacun, poursuivant ses propres intérêts, œuvre, qu'il le veuille ou non, aux intérêts du plus grand nombre, par son travail et ses échanges. Le marché rendrait solidaires des individus qui ne le sont pas. Cette solidarité n'est pas une valeur poursuivie consciemment par les individus. Ce sont des économistes, des philosophes ou des sociologues qui dévoileraient le résultat objectif, opposé aux motifs subjectifs, des activités économiques. Mais cette conciliation est si peu évidente que nos deux auteurs auront recours à l'État, nous le verrons plus loin, pour imposer l'intérêt collectif.

INDIVIDUALISME ET ÉTATISME

Karl Marx, qui rêvait d'une société sans État, décrit comment s'est formé l'État bureaucratique qui prévaut sous Napoléon III (1808-1873) : « Ce pouvoir exécutif, avec son immense organisation bureaucratique et militaire, avec son mécanisme étatique complexe et artificiel, son armée de fonctionnaires d'un demi-million d'hommes et son autre armée de cinq cent mille soldats, effroyable corps parasite, qui recouvre comme d'une membrane le corps de la société française et en bouche tous les pores, se constitua à l'époque de la monarchie absolue, au déclin de la féodalité, qu'il aida à renverser. Les privilèges seigneuriaux des grands propriétaires fonciers et des villes se transformèrent en autant d'attributs du pouvoir d'État, les dignitaires féodaux en fonctionnaires appointés, et la carte bigarrée des droits souverains médiévaux contradictoires devint le plan bien réglé d'un pouvoir d'État, dont le travail est divisé et centralisé comme dans une usine. La Révolution française, qui se donna pour tâche de briser tous les pouvoirs indépendants, locaux, territoriaux, municipaux et provinciaux, pour créer l'unité bourgeoise de la nation, devait nécessairement développer l'œuvre commencée par la monarchie absolue : la centralisation, mais, en même temps aussi, l'étendue, les attributs et l'appareil du pouvoir gouvernemental. Napoléon Ier acheva de perfectionner ce mécanisme d'État. »

Émile Durkheim remarque que la Révolution française, qui développe cet État, est la même qui définit les droits de l'homme. L'État, dont les fonctions se différencient et les champs d'intervention s'élargissent, soutient en même temps, contre les traditions et les institutions médiévales, la liberté et l'égalité de l'individu. La Révolution française engendre donc, comme deux frères jumeaux, l'individualisme et l'étatisme.

La bourgeoisie n'est pas opposée au développement de l'État dans la mesure où il protège la propriété privée et favorise sa croissance. Elle fera ainsi appel à son aide pour créer les moyens de communication essentiels à son développement.

Jeremy Bentham adhère au suffrage universel lorsqu'il comprend que le bonheur du plus grand nombre pourrait être mieux assuré si le droit de vote et d'éligibilité était partagé. L'extension du droit de vote aux ouvriers, puis aux femmes, est d'ailleurs, avec des modalités et des tempos différents selon les pays, concomitant avec la prise en charge de leur bien-être par l'État.

Les individus – libres, égaux et isolés, mus par la soif du bien-être et l'individualisme – se soumettent volontiers à l'État, dont ils ont élu les dirigeants, pourvu qu'il assure leur bien-être. Alexis de Tocqueville, qui était partisan de la liberté politique chère aux Anciens (le citoyen est celui qui participe activement et directement aux affaires publiques) critique impitoyablement cette soumission volontaire à ce nouveau despotisme : « Je veux imaginer sous quels traits nouveaux le despotisme pourrait se produire dans le monde : je vois une foule innombrable d'hommes semblables et égaux qui tournent sans repos sur eux-mêmes pour se procurer de petits et vulgaires plaisirs, dont ils remplissent leur âme. Chacun d'eux, retiré à l'écart, est comme étranger à la destinée de tous les autres : ses enfants et ses amis particuliers forment pour lui toute l'espèce humaine ; quant au demeurant de ses concitoyens, il est à côté d'eux, mais il ne les voit pas ; il les touche et ne les sent point [...] Au-dessus de ceux-là s'élève un pouvoir immense et tutélaire, qui se charge seul d'assurer leur jouissance et de veiller sur leur sort. Il est absolu, détaillé, régulier, prévoyant et doux. Il ressemblerait à la puissance paternelle si, comme elle, il avait pour objet de préparer les hommes à l'âge viril ; mais il ne cherche, au contraire, qu'à les fixer irrévocablement dans l'enfance ; il aime que les citoyens se réjouissent, pourvu qu'ils ne songent qu'à se réjouir. »

L'État moderne prend en charge ce qui relevait, dans les sociétés antérieures, des particuliers, des familles, des corporations et de l'Église (l'aide charitable aux malades, aux oisifs et aux indigents, l'éducation, etc.) et étend son intervention à des domaines qui ne dépendaient pas antérieurement de lui. Hegel oppose de la façon suivante les sociétés agricoles à la société industrielle. La classe agricole, dominante depuis que les hommes ont mis fin à leur nomadisme, tire ses richesses des produits de la terre qu'elle cultive. Pour cette classe, la nature joue le rôle essentiel et le travail lui est subordonné. Cette classe se contente de consommer ce que la nature produit et reproduit : elle n'est pas tournée vers l'acquisition des richesses. Dépendant de la nature, elle remercie Dieu de ses dons et développe un sentiment de passivité par rapport à ce qui peut lui arriver. Dans les sociétés agricoles, l'individu reçoit protection de sa famille qui assure son éducation et sa subsistance. La société industrielle soustrait l'individu à la terre nourricière et le rend dépendant des contingences de son développement. Les membres de cette société transforment, par leur intelligence et leur travail, les produits naturels en objets de consommation ou en moyens de travail. Ils vivent dans les villes et sont motivés par le goût de l'acquisition. La société industrielle prend en charge l'éducation de l'individu, le libère de sa famille et le reconnaît comme personne autonome. Les droits et devoirs qui unissaient l'individu à sa famille sont transposés au niveau de la société qui doit assumer et compléter les protections qu'accordait jadis la famille; l'individu doit développer un goût pour la liberté, faire appel à son intelligence et travailler, tout en adhérant à un ordre fondé sur le droit.

Dans les sociétés agricoles, l'enfant apprenait de son père le travail sur une terre. Il n'y avait pas de coupure entre le monde de l'enfance et le monde adulte. L'enfant était un adulte en miniature. Progressivement, il s'intégrait aux travaux des champs et devenait une force productive. L'enfant, surtout s'il était un garçon, devenait un élément de la production. Toutes proportions gardées, la richesse d'une famille se mesurait au nombre de bras disponibles pour les travaux des champs. Les parents, devenus vieux, pouvaient compter sur leurs enfants pour assurer leur subsistance.

La société industrielle sépare très tôt les enfants de la famille pour les mettre en quarantaine et assurer leur éducation. Comme on l'a vu chez John Locke, l'éducation des *gentlemen*, qui vise la formation d'individus libres et conscients, est tout à fait différente de celle des fils du peuple dont il faut faire des ouvriers appliqués, consciencieux et obéissants. À la fin du XIXe siècle, la conquête du suffrage universel pour les hommes va de pair avec l'interdiction officielle du travail des enfants et leur scolarisation obligatoire. L'éducation va ensuite se prolonger et intégrer les filles, sans évidemment supprimer les inégalités sociales.

John Locke affirme que le père transmettra ses biens à ses enfants, non selon le principe d'ancienneté ou en privilégiant les mâles, mais proportionnellement à l'affection manifestée par chacun. Les enfants, même d'origine ouvrière, seront de moins en moins une source de revenus lorsque l'école obligatoire sera instaurée et les parents pourront de moins en moins compter sur eux pour veiller sur leurs vieux jours. Les seuls liens qui pourront unir les enfants, de moins en moins nombreux, aux parents sera l'affection et l'espoir chez ceux-ci – du moins dans la classe moyenne – que leurs sacrifices permettront à leurs enfants une vie meilleure que la leur.

La socialisation des enfants passe de plus en plus de nos jours par la société ou l'État, qui les prend en charge de la pouponnière à leur majorité, et par la télévision privée ou publique à laquelle ils communient une vingtaine d'heures par semaine.

Mais que faire quand la volonté individuelle heurte le bien commun?

LES TENTATIVES DE RÉCONCILIATION

Jean-Jacques Rousseau, dans *Du contrat social*, croit possible de concilier la liberté de l'individu avec les contraintes de la communauté par le mythe de la volonté générale. Cette volonté n'est pas, comme chez Bentham, une somme. Elle est un tout qui transcende les intérêts particuliers. La volonté générale correspond à la volonté des citoyens, dans le sens grec ou romain du mot : le citoyen est celui dont la vertu assure la prédominance du bien de la communauté sur celui des particuliers.

Rousseau reconnaît que chaque homme peut avoir, comme individu, des intérêts particuliers différents de l'intérêt qu'il a comme citoyen pour le bien commun. Mais le pacte social renferme l'engagement que quiconque refusera d'obéir à la volonté générale y sera contraint par le corps politique. Cette contrainte ne nie pas la liberté. Au contraire, en le contraignant au respect de la volonté générale, elle le rend libre. La liberté conserve ici son sens ancien : est libre celui qui vit selon la vertu et le bien commun.

La volonté générale, fondée par la libre adhésion des individus, accapare ce qui est nécessaire à la défense du bien de la communauté et laisse le reste à l'usage des individus, l'instance souveraine demeurant le seul juge de ce partage. Se côtoient donc chez Rousseau, sans qu'elles soient reliées organiquement, une conception ancienne de la liberté – la liberté de l'individu comme citoyen ct comme être vertueux – et une conception moderne – la liberté de l'individu au fondement de l'État et comme résultat de sa non-ingérence.

Chez Hegel, la distinction entre liberté ancienne et liberté moderne est claire et sans ambiguïté. Le citoyen grec, dit-il, est prêt à risquer sa vie et à mourir avec joie pour défendre l'autarcie de la *polis*, car sa mort, le couvrant de gloire et d'honneur, lui permettra de survivre dans la mémoire de ses compatriotes. La vie morale du Grec se confond avec l'éthicité (*Sittlichkeit*) de la *polis*, avec ses lois, ses mœurs et sa religion. Le citoyen grec réalise ses aspirations spirituelles et morales par et à travers la vie de la *polis*. Le Grec est libre parce que sa *polis* est autarcique. Le sens de sa vie lui est donné par la vie commune et publique. Et ce sens n'est ni transcendant, ni imposé de l'extérieur, car la *polis* est l'œuvre de tous les citoyens.

Le citoyen grec ne connaît pas plusieurs droits et libertés : le droit de posséder et de contracter rattaché à l'individu; la liberté de conscience morale, principe de la chrétienté développé par le luthéranisme et clairement expliqué par Kant; la liberté de choisir l'élu ou l'élue de son cœur et de fonder, sur ce sentiment, une famille; la liberté de choisir son travail et, par conséquent, sa classe sociale, bref, le citoyen grec ne connaît pas la liberté moderne.

Hegel affirme, après Kant, que la liberté, comme réalité politique, fait irruption dans l'histoire par la Révolution française, à laquelle il reproche cependant son jacobinisme dont Rousseau serait le père intellectuel. La liberté à l'œuvre dans le jacobinisme est la liberté absolue, la liberté de transformer le monde selon la raison universelle, la liberté sans aucun obstacle ni détermination extérieurs, la volonté générale et universelle de tous les individus. Cette volonté générale, du moins telle que l'entend Rousseau, fonctionnerait sans système de représentation, constituerait un État homogène sans aucune différenciation, sauf entre le pouvoir législatif de la volonté générale et le pouvoir exécutif.

Cette liberté absolue et vide ne poursuit, dit Hegel, que des abstractions comme celle d'une égalité universelle qui supprimerait toute différence. Sa positivité n'étant qu'abstraite, cette liberté ne peut s'affirmer que dans la négation de toute détermination particulière, tout contenu réel, toute limitation, toute réalité qui lui est extérieure. Cette liberté absolue ne peut que nier, détruire ce qui existe : constitution, institutions politiques, états sociaux, volontés particulières...

La volonté générale, étant une abstraction, n'agit pas à travers le gouvernement. C'est une faction triomphante qui, en son nom, défend ses volontés particulières et combat les autres factions. La Révolution tend ainsi, en opposant une faction révolutionnaire aux autres, à dévorer ses propres enfants. De plus, chaque individu devant être une partie de la volonté générale, chacun, même s'il ne s'y oppose pas ouvertement, est susceptible de nourrir en son for intérieur une opposition et devient un suspect selon la loi du même nom votée pendant le processus révolutionnaire.

L'État grec ne reconnaît pas la liberté moderne. L'État libéral, dans la lignée de Locke, réduit le fondement et l'objectif de l'État à la défense des libertés individuelles. La Révolution française, au nom d'une volonté générale abstraite, cherche à détruire toutes les réalités sociales et politiques transmises par l'histoire. La monarchie constitutionnelle prussienne en place à l'époque de Hegel réconcilierait, selon lui, la liberté moderne et l'éthicité chère aux Grecs.

De son côté, Émile Durkheim croit, comme Hegel, que la division du travail rend compatible la poursuite individuelle du gain avec l'intérêt collectif. Pourtant, comme Hegel encore, il ne croit pas que la base électorale de l'État doive reposer sur les individus.

L'État, qu'il soit ou non respectueux de l'individu, est, dit-il, toujours aux mains d'une minorité. Du point de vue du nombre, aucun trait essentiel ne distingue les constitutions. Ce qui les distingue fondamentalement les unes des autres, c'est le type de communication qu'entretient la minorité gouvernante, l'État, avec la société. En général, l'État monarchique ou aristocratique développe une conscience isolée du reste de la société, tandis que la communication avec celle-ci est étroite au sein d'un État démocratique. Il y a rétroaction entre ce qui se passe ou se dit dans les milieux politiques et la façon dont la population réagit à cette information. La fonction représentative du gouvernement sera aussi grande que sera étendue cette rétroaction. Grâce aux échanges constants d'information, l'État n'est plus une réalité extérieure à l'individu, qui peut comprendre ses contraintes et s'y plier volontairement. La grandeur « morale » de la démocratie résiderait dans cette nécessité collective devenue liberté individuelle.

L'État démocratique ne doit toutefois pas représenter la volonté des gouvernés. Une telle conception de l'État conduit à des changements constants et superficiels. L'État, organe minoritaire, doit représenter la lucidité face aux sentiments changeants des masses. Pour ce faire, la base électorale de l'État devrait être, non les individus, mais les corporations, dont seraient obligatoirement membres les employés et les employeurs. Ces corporations exerceraient, sans ingérence de l'État, les fonctions de régulation économique et de sécurité sociale. Le suffrage à deux degrés – par lequel sont introduites, entre l'État et les individus, les corporations – permet précisément à l'État de ne pas être soumis étroitement aux fluctuations de l'opinion publique. Les corporations, en favorisant l'autonomie de l'État face à la foule inconstante, protègent de plus l'individu contre la mainmise de celui-ci, tout comme l'État le protège contre le particularisme des corporations.

Comme on l'aura constaté, la volonté générale de Rousseau, la monarchie constitutionnelle prussienne de Hegel et l'État corporatiste respectueux des libertés individuelles de Durkheim n'ont guère fait de petits. Une constitution fort différente de celles que défendaient ces auteurs et de celles que connaissaient les Anciens s'est imposée et est devenue le trait politique distinctif de la modernité : la démocratie représentative.

VII

UN NOUVEAU TYPE D'ÉTAT:
LA DÉMOCRATIE
REPRÉSENTATIVE

L'aristocrate Aristote, fondateur des études constitutionnelles, distingue les constitutions selon le nombre de ceux qui gouvernent : pouvoir d'un seul (royauté et tyrannie), pouvoir d'une minorité (aristocratie et oligarchie) et pouvoir de la majorité (*politia* et démocratie). Il oppose ensuite les constitutions droites, dont la fin est l'avantage des gouvernants et des gouvernés (royauté, aristocratie et *politia*), aux constitutions déviées qui privilégient les intérêts des gouvernants (tyrannie, oligarchie et démocratie).

Les deux constitutions les plus proches de la démocratie moderne sont, chez Aristote, la *politia* et la démocratie, gouvernées toutes deux par une majorité, les pauvres en démocratie et une classe moyenne en *politia*. Ce n'est pas, dit Aristote, le nombre, la majorité, qui caractérise la démocratie, mais le gouvernement des pauvres. En démocratie, indépendamment de son mérite, tout le monde est libre et égal : le riche et le pauvre, les vertueux et les rustres, les hommes bien nés et les autres. La masse populaire y est libre et souveraine, étant à la fois gouvernante et gouvernée. En démocratie, la liberté consiste à « vivre comme on veut » et non à se conformer aux exigences de la vertu chère aux aristocrates : la démocratie conduit à la licence. La *politia* constituerait le juste milieu entre deux extrêmes, deux constitutions déviées, le gouvernement des riches, l'oligarchie, et le gouvernement des pauvres, la démocratie : elle constituerait le juste milieu entre les riches qui, comme les despotes, savent commander mais ne savent obéir et les pauvres qui, comme les esclaves, savent obéir mais ignorent le commandement. La *politia* est exercée par une classe moyenne capable de se payer l'armement lourd de l'hoplite, jouissant du loisir nécessaire pour recevoir l'entraînement militaire et ayant des revenus suffisants pour payer un cens discriminant. Les membres de cette classe sont aptes à gouverner et à être gouvernés en alternance, conformément à la loi. La répartition des charges s'y effectue selon le mérite mesuré par la vertu et la richesse.

Pour bien comprendre, au-delà de ses positions de classe aristocratique, la vision constitutionnelle d'Aristote, il faut prêter attention à sa définition du citoyen : celui qui commande et obéit ; celui qui gouverne et est gouverné. Ainsi, dans une royauté et dans une tyrannie, hormis le dirigeant, il n'y a que des sujets. Dans une oligarchie, à part les riches, il n'y a que des sujets, ainsi de suite pour l'ensemble des constitutions. Aux sujets, on ne demande que l'obéissance, que celle-ci soit le fruit de l'amour ou de la crainte des dirigeants, de ceux qui sont aptes à gouverner et à être gouvernés, des citoyens.

La démocratie, que critique Aristote, est celle d'Athènes, *polis* où seuls les mâles adultes d'origine athénienne ont des droits politiques, sont des citoyens. La démocratie grecque implique que chacun de ses mâles peut participer également aux affaires publiques, indépendamment de ses origines de classe et de sa fortune. Le tirage au sort pour choisir certains représentants est perçu comme la forme la plus élevée de cette égalité démocratique : le hasard, et non la réputation, l'art oratoire ou le mérite, désigne le représentant, contrairement à l'élection perçue comme le moyen aristocratique par excellence de gouvernement par alternance. Tous les citoyens athéniens peuvent théoriquement participer, dans l'*agora*, à l'assemblée générale du peuple où se discutent les questions politiques et où se prennent les décisions. On estime que, chaque année, un citoyen sur six occupe une fonction publique, fût-ce comme simple membre d'un jury (les membres du tribunal [*dicasteria*], plus ou moins nombreux selon l'importance du litige, sont tirés au sort, pour chaque cas, parmi une liste de six mille volontaires). La citoyenneté, comme pouvoir de décider, est à la fois un droit, un devoir et un plaisir.

La fin, l'objectif des diverses constitutions analysées par Aristote n'est pas le bien de l'individu, mais la vie parfaite et autarcique de familles, de lignages et de villages réunis en communauté. Chez les Romains, la base de l'État sera la famille, idée qui sera reprise au Moyen Âge et que répétera Bodin au XVIe siècle. La constitution politique moderne sera, elle, fondée sur l'individu.

LA RÉPUBLIQUE LIBÉRALE

Les individus, libres et égaux dans l'état de nature, transfèrent à l'État, dit John Locke, leurs pouvoirs législatif, exécutif et judiciaire afin de mieux protéger leur vie et leurs propriétés. L'individu libre et égal est, contrairement aux Anciens, non seulement au fondement de l'État, mais aussi sa fin.

Le consentement (*trust*) de chaque individu, fût-il tacite, est requis pour fonder l'État. Mais chaque individu, en consentant à la société politique, accepte de se soumettre à la règle de la majorité (*majority rule*) sans laquelle une société politique ne pourrait fonctionner : les individus, préoccupés par de multiples intérêts privés, ne peuvent tous, contrairement à la démocratie athénienne, participer activement à la vie politique et ne peuvent, étant divisés par leurs intérêts et leurs opinions, atteindre l'unanimité. L'unanimité est seulement requise pour fonder la règle de la majorité. Par la suite, celle-ci prévaut en tout, y compris pour déterminer le type de constitution de l'État.

Locke est un opposant au despotisme royal des Stuart, particulièrement celui du vieux Charles II (1630-1685) et de son frère Jacques II (1633-1701), et un adepte de la « glorieuse » mais tranquille révolution de 1688-1689 qui met fin à ses cinq ans d'exil en Hollande. Voilà pourquoi il sépare le pouvoir législatif, relevant du Parlement, du pouvoir exécutif, qui est celui du roi, et subordonne le second au premier qui devient le pouvoir suprême. Locke, qui soumet un pouvoir à un autre, ne développe pas le principe de la séparation des pouvoirs en vue de les équilibrer. C'est le Français Montesquieu qui, au siècle suivant, s'inspirant de l'État anglais, affirme que la liberté des citoyens peut être protégée contre les abus de pouvoir par la séparation et l'équilibre des trois pouvoirs (législatif, exécutif et judiciaire) et des trois puissances (roi, noblesse et peuple).

Le pouvoir législatif est le pouvoir souverain dont dérivent et dépendent, dit Locke, toutes les autres instances du pouvoir étatique. Le pouvoir souverain repose sur le consentement des sujets, sur la confiance qu'il poursuivra la fin pour laquelle il a été créé : la protection de la vie, de la liberté et de la propriété de ses sujets. La fin délimite le pouvoir que le peuple a alloué à l'instance législative. En d'autres mots, le peuple a toujours le pouvoir souverain, mais son exercice relève du pouvoir législatif qu'il a constitutionnellement institué. Si la constitution n'est pas respectée ou si l'exercice du pouvoir contrevient à sa finalité – la protection de la liberté de l'individu – le peuple reprend tout son pouvoir face à l'instance législative ou à ceux qui l'exercent.

Remarquons que la signification du mot citoyen change complètement par rapport aux Anciens. Le citoyen moderne s'assujettit volontairement à celui auquel il transmet son pouvoir; il s'assujettit à celui qu'il élit et qui doit le représenter; le citoyen se fait sujet. Chez les Anciens, chacun était, indépendamment de la constitution, l'un **ou** l'autre : le citoyen, par définition, commandait et obéissait; le sujet ne pouvait qu'obéir.

Contrairement aux Anciens qui croyaient généralement que le peuple-sujet devait se soumettre à l'autorité du pouvoir politique, fût-il despotique, John Locke affirme que le peuple peut utiliser la force contre ceux qui, détenant le pouvoir exécutif ou législatif qu'il leur a délégué, se mettent dans un état de guerre contre lui, utilisent une force injuste et illégitime, le violentent. L'autorité de ceux qui détiennent le pouvoir exécutif ou législatif est elle-même dépendante des lois, dont les lois constitutives de l'État. Le rebelle n'est pas le peuple qui se soulève, mais celui qui enfreint les lois et les constitutions. Ce droit du peuple de se défendre par la force contre les violences illégitimes du pouvoir politique est celui que peut exercer la majorité. Des individus, injustement lésés par le pouvoir, peuvent recourir à ce droit, mais ils seraient ridicules de le faire car, sans l'appui du peuple, ils sont condamnés à l'échec.

La puissance législative, qui attente à la vie, aux libertés et aux biens des individus constitutifs du peuple, devient illégitime et peut être déposée par le peuple. Mais Locke se méfie surtout du pouvoir exécutif, du pouvoir du roi, qui a cherché, entre autres sous Charles II et Jacques II, à usurper le pouvoir législatif remis par le peuple au Parlement, en ne respectant pas les lois votées par l'assemblée législative, en empêchant la convocation ou la délibération de cette assemblée, en remplaçant arbitrairement les élus ou en modifiant le mode d'élection... Le peuple, lors de la «glorieuse révolution» de 1688, a été libéré de toute obédience au roi.

Qui est ce peuple dont tous les individus fondent, tacitement ou non, la société politique, dont la majorité détermine, tacitement ou non, l'organisation constitutionnelle du pouvoir et qui peut se défendre contre l'emploi illégitime du pouvoir? La notion de peuple chez Locke est loin d'être claire. Même s'il l'aurait probablement préférée plus radicale, il adhère à la révolution de 1688 où le pouvoir législatif est exercé par un parlement constitué de deux chambres, l'une, héréditaire, formée de nobles, l'autre, élue, formée de notables jouissant d'une propriété immobilière. Les autres, la vaste majorité de la population, les enfants, les femmes, ceux qui dépendent de la charité privée ou de l'aide de l'État, les serviteurs, les salariés et les propriétaires non terriens ne font pas partie de ce peuple politiquement actif. D'ailleurs, pour Locke, si chacun à sa naissance est égal aux autres dans ses potentialités rationnelles, seuls les fils de *gentlemen*, une petite minorité, pourront, grâce à un environnement et à une éducation propices, exercer de façon rationnelle leur jugement durant leur vie et participer consciemment à l'activité politique, tandis que les fils de travailleurs devront être contraints à fréquenter des écoles où ils seront adaptés à leur future vie dans les manufactures.

No taxation without representation, affirme Locke. Pourquoi alors seulement les propriétaires d'une terre (*gentlemen*), et non tous les payeurs d'impôts, ont-ils le droit de vote et celui d'être élus? Selon Pierre Rosanvallon, la réponse se trouve dans la conception économique des physiocrates. La terre est pour eux le seul fondement de la richesse : la base de l'imposition et le fondement du pouvoir politique ne peuvent donc être que la propriété agricole. Rosanvallon a peut-être raison pour la France, mais son explication ne permet pas de comprendre pourquoi ce droit de vote est limité aux *gentlemen* en Angleterre au XVIIe siècle, alors que la physiocratie est une conception du XVIIIe siècle, ni pourquoi il le demeure en Angleterre tout au long du XVIIIe siècle tandis que la conception économique d'Adam Smith y devient dominante.

Cette république élargira sa base sociale : pourquoi et comment ?

L'ÉLARGISSEMENT DE LA RÉPUBLIQUE

John Locke n'utilise jamais le mot démocratie pour définir le *commonwealth* qu'il défend et qui constitue, d'ailleurs, une sorte de régime mixte entre le pouvoir exécutif du roi et le pouvoir législatif de la Chambre haute (noblesse) et de la Chambre des communes (bourgeoisie). Il avance cependant certains principes qui animeront la démocratie moderne : l'individu libre et égal comme base et fin de l'État ; un système politique fondé sur la représentation ; la citoyenneté réduite au droit d'élire et d'être élu. Le XVIIIe siècle ne renouvellera guère ces principes, sauf pour leur ajouter celui de la liberté de presse, instrument essentiel à la liberté d'expression, elle-même indispensable au développement de la liberté de penser. La liberté de presse n'est pas alors celle du peuple, qui ne sait pas lire, mais celle des bourgeois et des nobles qui ont, contrairement au peuple réduit au travail manuel, le loisir de penser. D'ailleurs les philosophes des Lumières ne visent pas à abattre la royauté pour fonder la démocratie : ils veulent éclairer les nobles, les bourgeois et les monarques (monarchie éclairée).

Le mot démocratie est utilisé au XIXe siècle au fur et à mesure que les hommes adultes conquièrent, et non sans luttes, le droit de représentation. En 1832, en Angleterre, la réforme électorale rejette le critère de propriété agricole, en élargissant le droit de vote aux chefs de famille de circonscriptions urbaines qui ont une valeur imposable importante, soit les industriels, les commerçants et les membres aisés des professions libérales. Moins de dix pour cent de la population mâle adulte obtient alors le droit de vote. Trente-cinq ans plus tard, une nouvelle réforme englobe dans l'électorat une partie de la classe ouvrière. À la fin du siècle, les hommes d'Angleterre acquièrent ce que les femmes n'arracheront qu'au XXe siècle : le suffrage *universel*.

Jean-Jacques Rousseau, adversaire des philosophes des Lumières, est un des rares auteurs du XVIIIe siècle à se méfier des grands au profit du peuple d'où il provenait. Il admet que son idéal de contrat social ne peut être réalisé que dans un petit État comme l'étaient les Cités grecques, petits États autarciques où tous les citoyens se seraient connus, auraient pratiqué la vertu et auraient été animés par le bien de la communauté. Dans un grand État, comme celui de la Pologne, le peuple ne pouvant exercer directement le pouvoir législatif, Rousseau préconise, comme compromis à la démocratie *directe*, les règles suivantes : élections fréquentes, limites à la capacité d'être réélu et mandats impératifs liant les élus. Jeremy Bentham, un des premiers penseurs à fonder le principe du suffrage universel sur la poursuite du bien-être de la majorité, affirme pour sa part que le contrôle populaire sur les élus est directement proportionnel à la fréquence des élections. Aussi préconise-t-il des élections annuelles.

La très grande majorité des auteurs du XIXᵉ siècle craignent le peuple, méprisent, comme Sören Kierkegaard et Friedrich Nietzsche, cette masse indifférenciée qui désire obtenir des droits équivalents à ceux des grands. Même John Stuart Mill, pourtant disciple de Bentham et adepte du suffrage universel, se méfie du peuple, s'oppose au suffrage égalitaire (une personne = un vote), propose d'accorder aux plus riches et aux plus instruits un vote dont le poids serait proportionnel à leur mérite et suggère une durée d'au moins cinq ans au mandat des élus afin d'accroître leur autonomie. Les arguments invoqués par Mill représentent bien les positions de ceux qui sont pourvus de richesses matérielles ou intellectuelles. D'une part, il craint que le suffrage universel permette à la majorité de s'attaquer à la propriété privée des riches, en les expropriant soit directement, soit par la fiscalité. D'autre part, il croit que la majorité, d'un bas niveau d'intelligence et d'éducation, élira une majorité représentative de son niveau. Le XXᵉ siècle a balayé ces craintes : le peuple électeur n'a pas exproprié les riches et n'a pas choisi des représentants qui lui ressemblent.

L'HÉGÉMONIE D'UNE MINORITÉ

L'État, sauf dans la démocratie de type athénien, est toujours aux mains d'une minorité. La question d'Étienne de La Boétie (1530-1563), ami de Montaigne, demeure plus pertinente que jamais : pourquoi la majorité, qui a pour elle la force du nombre, accepte-t-elle de s'asservir volontairement à une minorité ? Pourquoi les ouvriers n'ont-ils pas, sauf exceptions, élu des ouvriers et pourquoi

les femmes, au XXe siècle, n'ont-elles pas élu des femmes?
Pourquoi le critère d'identité sociale n'est-il pas retenu par
les électeurs?

L'assujettissement volontaire des individus libres et
égaux qui transmettent leur pouvoir législatif, exécutif et
judiciaire à l'État, en vue de mieux protéger leur vie et
leurs biens, est un postulat de la pensée libérale.

David Hume, qui ne croit pas au contrat social des
fondateurs du libéralisme, affirme que l'accumulation
progressive des richesses suscite de la discorde sociale et
entraîne l'émergence de l'État. Celui-ci est généralement
créé par la force et le pouvoir militaire : le dirigeant de
guerre, ayant centralisé tout le pouvoir dans la défense ou
la conquête d'un territoire, le conserve après sa victoire.
Ce pouvoir ne pourrait subsister durablement s'il n'obte-
nait peu à peu la loyauté de ses sujets. Hume s'émerveille
de la facilité avec laquelle la majorité se soumet à une
minorité. Le bon sens, dit-il, exige la soumission à l'État,
car la justice, c'est-à-dire la défense de la propriété privée
(objectif qu'il partage avec les libéraux) serait impossible
sans elle. Le meilleur État, le plus stable, sera celui qui,
comme chez Montaigne, repose sur une longue possession
et procède d'une longue accoutumance des sujets à l'obéissance, à la soumission et au loyalisme.

Bentham, qui ne croit pas lui non plus au contrat
social, lie, comme nous l'avons vu, le suffrage universel à
une politique de bien-être. Le passage de l'État policier à
l'État social n'abolit pas la politique de défense de la
propriété privée : elle s'y ajoute. De plus, cette politique
sera poursuivie dans la mesure où la croissance économique la rend compatible avec le maintien des profits,
moteur du marché.

Max Weber distingue trois types de domination légitime ou consentie d'une minorité sur une majorité : la

domination traditionnelle, la domination charismatique
et la domination légale. La première s'appuie sur la validité de ce qui a toujours été, sur le caractère sacré de ce qui
est transmis par le temps. Le maître jouit d'une autorité
personnelle conférée par la tradition. Les sujets n'obéissent
pas, comme dans la domination légale, à des règles écrites
et formelles, mais à un seigneur personnel dont le pouvoir
plus ou moins arbitraire est généralement limité par la
tradition. La domination traditionnelle ne dépend pas,
contrairement à la domination légale, d'une administration compétente et hiérarchisée. La domination charismatique renvoie à une foi d'ordre affectif ou émotionnel dont
la validité dépend d'une révélation (le caractère sacré du
prophète) ou de l'héroïsme, de la qualité extraordinaire,
de l'exemplarité du chef. Les appelés et les élus par le chef
charismatique deviennent des adeptes ou des disciples qui
s'abandonnent, pleins de foi et d'enthousiasme, en ses
mains. Les adeptes ne sont pas choisis en fonction de leurs
compétences, comme dans la domination légale, ni en
fonction des liens personnels qu'ils auraient eus avec le
leader, comme dans la domination traditionnelle, mais
uniquement sur la base de leur dévotion au chef. La
domination légale, caractéristique de l'État démocratique
moderne, repose sur la croyance du peuple en la légalité,
dans sa soumission à des règles légales, abstraites et égales
pour tous. Cette domination requiert deux types d'autorité, l'une constituée par son élection et l'autre admi-
nistrative. La première a un pouvoir de commandement
et d'exécution fondé sur son élection et sur des moyens de
coercition strictement délimités par la constitution. La
seconde, soumise à l'autorité élue, forme une organisation
dans laquelle chaque fonctionnaire exerce une tâche
précise au sein d'un ensemble hiérarchisé, réglementé et
discipliné. Le fonctionnaire, choisi pour sa qualification

professionnelle attestée par un diplôme et un examen, reçoit un traitement fixe. La domination légale exige, tant pour les élus que pour les fonctionnaires, une séparation radicale entre travail et vie privée, entre budget public et budget privé. La supériorité de la domination légale sur les deux autres relèverait de sa plus grande efficacité (principe d'utilité).

Pourquoi, sous cette domination légale, la majorité n'élit-elle pas, dans l'État démocratique, une minorité qui lui ressemble? Pourquoi, contrairement aux espérances sociales-démocrates, les ouvriers n'élisent-ils pas généralement des ouvriers? Pourquoi les femmes, contrairement aux vœux des féministes, n'élisent-elles pas des femmes? Certains attaqueront les appareils idéologiques (écoles, mass media) dominés par la bourgeoisie ou la phallocratie et où sont entretenus les intellectuels à leur service. Il ne faut évidemment pas sous-estimer leur influence sur la façon de penser de la majorité d'hommes ou de femmes. Mais cette influence, si elle est déterminante, ne signifie-t-elle pas que les hommes et les femmes du peuple sont, contrairement au principe avancé par Descartes, incapables de penser par eux-mêmes? Durkheim aurait-il tort de faire de la rétroaction entre ce qui se passe ou se dit dans les milieux politiques et la façon dont la population réagit à cette information un des traits distinctifs et positifs de la démocratie moderne? Si l'influence des appareils idéologiques et de leurs intellectuels est déterminante, Louis Auguste Blanqui (1805-1881) a raison : il faut qu'une minorité éclairée organise un coup d'État, prenne le pouvoir et apporte sa lumière à la masse conservée jusqu'alors dans l'ignorance. Rien ne nous assure toutefois que cette nouvelle minorité dominante ne suivra pas la voie dictatoriale tracée par les jacobins, les bolcheviks et les fascistes.

La démocratie représentative n'est pas fondée sur l'égalité indifférenciée des citoyens (le tirage au hasard cher aux démocrates athéniens) ni sur l'identité sociale. L'électeur ou l'électrice ne choisit pas un semblable, mais quelqu'un qui mériterait, à tort ou à raison, d'être élu. Le critère suivi par l'électeur peut être de nature diverse (beauté, éloquence, promesses...), mais renvoie toujours au mérite, réel ou illusoire, qu'aurait pour lui le candidat. La démocratie représentative est méritocratique. Elle renvoie ainsi au fondement de l'idéologie libérale : l'individu, compte tenu des contingences de sa situation, est libre de faire la vie qu'il veut ; il mérite la vie qu'il aura à l'intérieur de la situation qu'il n'a pas choisie.

L'élection a un fort effet de légitimation de la minorité dominante. Comment contester celle-ci, élue par la majorité de la population qui a librement décidé de s'exprimer par les urnes ? L'élection, dans la démocratie représentative, est le principal mécanisme par lequel la minorité gouvernante exerce son hégémonie sur la majorité devenue consentante.

Cette démocratie représentative a subi des modifications au XXe siècle. Elle ne fonctionne plus de la même façon qu'au siècle précédent. Voyons les changements apportés.

TRANSFORMATION DE LA DÉMOCRATIE REPRÉSENTATIVE

Au XIXe siècle, les notables, souvent médecins, notaires ou avocats, contrôlaient, dit Max Weber, le Parlement et, par cet intermédiaire, l'ensemble de la vie politique. Ces notables, personnes économiquement indépendantes jouissant d'une estime sociale, défendaient au Parlement leurs propres opinions, tout en étant regroupés par courants politiques, qui ne ressemblaient généralement au parti moderne que par le nom.

Le suffrage universel entraîne le remplacement des partis de notables par des partis de masse dotés d'un appareil bureaucratique, partis essentiels à la conquête de l'électorat et du pouvoir. Ces partis se caractérisent par l'adhésion volontaire de citoyens qui y sont intéressés pour des raisons diverses. Les partis modernes sont avant tout des organisations qui collectent l'argent nécessaire au fonctionnement du parti et aux campagnes électorales dans le but ultime de recueillir suffisamment de votes pour faire élire leur chef et leurs candidats. Weber distingue trois types de personnes engagées dans la relation parti/masse : les dirigeants, les partisans et les électeurs. Les dirigeants du parti visent la conquête du pouvoir politique. Les partisans, les membres du parti, les citoyens actifs militent en vue d'objectifs politiques ou/et dans l'espoir d'en retirer des avantages personnels. Les travailleurs d'élections sont recrutés parmi ces militants. Les membres du parti se contentent généralement de suivre leurs chefs, mais peuvent, à l'occasion, participer aux discussions et aux prises de décisions et exercer une fonction de contrôle des dirigeants. Enfin, dernière catégorie, les électeurs sont les citoyens passifs que les partis courtisent, surtout durant les périodes électorales.

Les chefs, qu'ils soient des politiciens professionnels qui vivent de la politique ou des leaders charismatiques, jouent un rôle déterminant dans la démocratie fondée sur les partis. Les campagnes électorales sont généralement organisées autour des déclarations et des apparitions publiques des différents leaders, et c'est leur performance médiatique respective qui déterminera quel parti élira le maximum de candidats. Une fois élu, le chef du parti forme son cabinet où se décideront, dans le secret, les lois qui seront adoptées et les règlements qui en détermineront l'application. Le parlementaire perd une des caractéristiques majeures de l'individu moderne : sa capacité de décider par lui-même. Il fait acte de présence lorsque le *whip* le convoque et vote ce que le cabinet ou le chef de l'opposition a décidé. La démocratie moderne, notamment dans le système parlementaire de type britannique, est en quelque sorte une royauté dont le titulaire est élu pour une période déterminée.

L'opinion publique, cette voix anonyme et changeante, est mesurée par la technique des sondages, entre et durant les périodes électorales. Les faiseurs d'élections ciblent les indécis, le marais, dont les oscillations détermineront le vainqueur. Des experts en marketing soignent l'image des chefs, devenue le principal vendeur à l'époque de la télévision. Mais malgré le rôle de plus en plus important joué par les experts de la manipulation durant les campagnes électorales, les électeurs exercent leur pouvoir ponctuel, contredisant parfois les prévisions les plus assurées de ces spécialistes en élections.

La démocratie moderne n'a donc rien à voir avec le concept de démocratie transmis par les Grecs. Elle constitue un nouveau type d'État qui doit être pensé en relation avec la nation.

VIII

LA NATION
PLUTÔT
QUE LA RELIGION

Platon et Aristote pensent la politique au sein de la *polis* qui renvoie à une petite communauté où, selon Aristote, chacun devrait se connaître et où l'amitié serait possible entre gens vertueux, entre aristocrates. La *polis* est, de fait, une communauté organisée en État. Seuls, comme nous l'avons vu, peuvent être citoyens de la *polis* les mâles adultes dont le père est originaire de la communauté. Les Grecs jugent barbares les peuples environnants, incapables de s'organiser en *polis*. La Grèce est une société esclavagiste et Athènes exerce un empire lucratif sur les peuples qu'elle domine.

Cette conception politique d'un État lié à une communauté est détruite par l'empire macédonien. Philippe II (382-336 av. J.-C.) – dont le père d'Aristote fut le médecin personnel – prend le pouvoir en Macédoine en 356 avant Jésus-Christ, rétablit la monarchie absolue et organise une armée puissante qui vainc Athènes en 338. Au lieu de subjuguer la Grèce, Philippe II convoque un congrès de toutes les Cités où est constituée une ligue panhellénique sur la base de l'autonomie des Cités et de la liberté des mers. La Macédoine, étroitement liée à la fondation de cette ligue, n'en devient cependant pas membre. Alexandre le Grand (356-323 av. J.-C.), fils de Philippe II, assume, en 336 avant Jésus-Christ, le pouvoir et réalise le rêve de son père : conquérir l'empire perse. Il fait de Babylone le centre de ce nouvel empire. Alexandre le Grand, en étendant l'empire à l'Asie, se donne peu à peu comme objectif de créer une concorde interraciale et une affection commune en favorisant les liens de sang par les mariages mixtes (il marie, la même journée, en 324 avant Jésus-Christ, dix mille de ses soldats à des Perses), des fusions de Cités et des transferts de population d'une communauté à l'autre. Il remet ainsi en question l'enseignement de celui qui fut son précepteur, Aristote, qui valorisait la *polis* comme mode d'organisation politique et opposait les Grecs aux autres, les barbares.

À la mort d'Alexandre le Grand, ses généraux, les diadoques, se disputant son empire, Athènes déclenche à nouveau la guerre contre la Macédoine. Elle est vaincue un an après, en 322 avant Jésus-Christ, et subit l'humiliation d'être occupée par une garnison macédonienne. Athènes devient alors un des enjeux des rivalités entre diadoques, particulièrement celles qui opposent les rois de Macédoine, dominant la Grèce, à Ptolémée (367-283 av. J.-C.) et ses descendants d'Égypte. Comment penser le rapport entre les hommes et entre ceux-ci et la politique quand les fiers Grecs deviennent sujets des disputes entre diadoques, dont les décisions leur échappent ? Les stoïciens apportent à cette question une réponse qui influencera les siècles suivants : quelle que soit sa patrie ou sa Cité, chaque individu, par son âme, est une partie du logos divin qui anime la nature ou le cosmos.

Rome succédera à la Macédoine et dominera les peuples environnants durant plus de cinq siècles. Rome étend sa « protection » aux peuples et aux communautés qu'elle intègre à l'empire, sans chercher à transformer leurs us et coutumes. Ces peuples et ces communautés peuvent continuer de vivre comme leurs ancêtres, pourvu qu'ils paient les impôts et se soumettent en dernière instance à la loi romaine.

Cicéron, qui connaît les dernières années républicaines de Rome, avant qu'elle ne tombe sous la coupe des empereurs, est influencé, comme la majorité de l'élite romaine, par la vision stoïcienne. L'univers est la patrie commune des dieux et des hommes. Le logos, principe divin animant le monde, inscrit dans l'univers et dans chaque homme la loi naturelle qui dicte ce qu'il faut faire et ce qu'il faut éviter. Cette loi naturelle est antérieure à toute loi positive, toute coutume et toute morale.

Cicéron croit que l'empire romain respecte cette loi naturelle : Rome traiterait avec justice les peuples qu'elle domine ; elle ne les opprimerait pas, mais leur assurerait plutôt la protection de la paix et de l'ordre romains ; elle ne mènerait des guerres que pour protéger ses alliés ou défendre les limites de l'empire. Pour les Romains, les peuples étrangers ne sont pas, comme chez Aristote et les Grecs, esclaves par nature. Ils peuvent être réduits à l'esclavage s'ils mènent des guerres injustes contre Rome et ses alliés. C'est la nature injuste de leurs actions, et non la nature de leur être, qui explique et justifie leur esclavage. Ils peuvent donc éventuellement se racheter, être affranchis, être intégrés et devenir citoyens de l'empire. Les peuples barbares ne sont différents du peuple romain que par leur non-appartenance à l'ordre romain.

De la période grecque à la fin du Moyen Âge, nous retrouvons certaines constances du phénomène politique. L'État est, chez les Grecs, l'organisation politique d'une communauté (la *polis*) tandis que l'empire romain et les royautés chrétiennes regrouperont des communautés dont le mode de vie sera plus ou moins respecté. L'organisation politique est indissociable d'une religion qui lui assure sa cohésion sociale. Les relations inter-*étatiques*, depuis la Grèce, ne peuvent être comprises hors des empires, qui renvoient à une vision unitaire de l'être humain depuis le stoïcisme.

Toute cette vision politique sera remise en question. La nation s'élèvera sur l'intégration des communautés à l'État et sur leur progressive dissolution. Elle tendra à se substituer à la religion comme élément de cohésion sociale. Les relations entre États-nations, vus comme des entités séparées et conflictuelles, structureront les relations inter-*nationales*. Cette transformation s'amorce au XVIe siècle, se développe au XVIIe et s'impose dans les siècles subséquents. Voyons cela de plus près, à partir de Machiavel et de quelques autres.

RENAISSANCE ET RÉFORME : NOUVELLE CONJONCTURE POLITIQUE

Nicolas Machiavel (1469-1527) vit à Florence, riche cité commerçante, à l'avant-garde du développement intellectuel et artistique de l'Europe, et chef de file de la Renaissance. La république de Florence partage l'Italie avec quatre autres États : le royaume de Naples au Sud, le duché de Milan au nord-ouest, la république aristocratique de Venise au nord-est et enfin, au centre, l'État papal. Ces États, toujours en lutte les uns contre les autres, deviennent des proies faciles pour les États environnants. Le rêve animant Machiavel est la création d'un État italien fort et durable, à l'image de ceux de France, d'Espagne et d'Angleterre, où la montée du pouvoir royal, appuyé par la classe grandissante des commerçants, a réduit l'importance de la noblesse et des institutions féodales (les corporations, les cités autonomes et l'Église) et tend à uniformiser l'ensemble des communautés regroupées.

Le patriotisme de Machiavel, s'inspirant de celui de Pétrarque (1304-1374), entraîne la rupture avec l'imaginaire médiéval, particulièrement avec l'idée d'une communauté chrétienne hiérarchisée et unifiée par son assujettissement à Dieu. Ce patriotisme étatique brise bientôt toutes les contraintes morales traditionnelles : est vertueux tout moyen (force, ruse ou loi) qui renforce le pouvoir de l'État ; est vicieux tout principe qui l'affaiblit.

La religion continue d'assurer la cohésion sociale, mais Machiavel n'insiste pas sur son fondement ontologique, contrairement aux Grecs, aux Romains et aux chrétiens. La religion, au niveau politique, relève de la ruse et les dirigeants doivent l'utiliser pour soutenir l'État, même s'ils la jugent fausse. Il n'y a plus de principe universel qui unirait les hommes, plus de loi naturelle : les hommes sont naturellement ingrats, inconstants, avides, menteurs et dupes. Les États sont formés pour des raisons de sécurité : ils doivent assurer un ordre dans la patrie, malgré l'égoïsme des hommes, et protéger cet ordre contre la convoitise des États étrangers.

Autre donnée importante de l'époque : Machiavel écrit à l'aube de la grande réforme protestante qui déchirera la chrétienté et entraînera les guerres de religion qui ensanglanteront l'Europe durant deux siècles. Jean Bodin (1529/1530-1596), qui vit au sein de cette déchirure, sera le premier auteur à définir clairement la notion de souveraineté et à en faire la principale caractéristique de l'État. Avant lui, la souveraineté était une caractéristique du roi et s'inscrivait au sein des luttes de prééminence entre le pouvoir politique et le pouvoir spirituel du pape.

Avec Bodin, la souveraineté de l'État n'est soumise qu'à Dieu. L'État est la puissance publique de commander (contrairement au pouvoir domestique qui est privé), et cette puissance est perpétuelle (elle ne saurait être interrompue) et absolue. L'instance étatique souveraine est absolue : elle n'est liée ni par les lois antérieures ni par les coutumes les plus anciennes, et peut modifier ses propres lois ou celles d'instances inférieures (seigneurie, cité, ordre...). Elle s'exerce sur toutes les forces intérieures de la république : les ordres, les villes, les familles, les particuliers... Cette puissance absolue de l'État se manifeste aussi contre les pouvoirs extérieurs, en particulier face aux volontés hégémoniques d'un pouvoir impérial ou du pouvoir papal. Si tous les citoyens sont sujets de la république (qui peut être royale, aristocratique ou démocratique), la république ne souffre, à l'intérieur comme à l'extérieur, aucun assujettissement.

La souveraineté de l'État s'impose aussi face aux religions. Comme la plupart de ses prédécesseurs, Bodin affirme que la religion constitue le principal fondement de la puissance de l'État, dans la mesure où elle apprend aux sujets l'amour, le respect et la crainte de l'autorité. Mais que faire lorsque la société est divisée par des luttes religieuses, comme la France de son époque ? Bodin affirme que l'État ne doit pas utiliser la force contre une des factions religieuses et doit faire preuve de tolérance envers la ou les minorités religieuses.

Bodin subordonne la république à Dieu, mais c'est à la république d'interpréter la signification de la loi naturelle (que Bodin ramène au respect de la propriété privée et de la domination du mâle), et non plus au pouvoir spirituel. Bodin et Machiavel n'utilisent pas le terme de nation (le second se contentant du terme traditionnel de patrie), mais tous deux écrivent dans la langue vernaculaire (le français, pour le premier, et le toscan, qui deviendra la langue italienne, pour le second), délaissant le latin, langue universelle des lettrés du Moyen Âge. D'où viendra donc le terme de nation ?

LA NATION

Thomas Hobbes, qui a vécu plus de dix ans à Paris, s'est fortement inspiré de Bodin dans sa définition de l'État, mais il innovera en fondant l'État, non sur la famille comme Bodin, mais sur la volonté d'individus libres et égaux. Pour sa part, John Locke limitera le caractère absolutiste de l'État par une conception de l'individu qui n'aliène jamais totalement sa liberté. Ni l'un ni l'autre n'utilisent encore le terme de nation, l'État renvoyant, chez Locke, à des individus, parfois regroupés sous le terme collectif de peuple, mais sans que celui-ci soit jamais clairement défini.

Le terme le plus proche de nation alors utilisé est celui de patrie dont l'étymologie est latine. La patrie est le lieu où est né le père (*pater*), ce lieu pouvant se réduire à un patelin. Montesquieu est un des premiers auteurs à utiliser le terme de nation, en le liant à la loi et en l'inscrivant au sein de sa conception politique. Les lois, dit-il, entretiennent des rapports nécessaires avec la « nature des choses » (le climat, la géographie, l'économie, la démographie, le mode de vie, les mœurs, la religion...) pour constituer, au-delà de tout terroir particulier, un tout social, « l'esprit d'une *nation* ».

Le terme de nation s'inscrira ensuite dans l'histoire et dans la pensée politique avec la Révolution française. La « Déclaration des droits de l'homme et du citoyen » (1789-1791) reprend, dans ses articles 1 et 2, les positions de Locke : les individus naissent libres et égaux ; le but de toute association politique est la protection des droits naturels de l'homme, soit la liberté, la propriété, la sécurité et la résistance à l'oppression. Mais l'article 3 affirme : « Le principe de toute souveraineté réside essentiellement dans la Nation. Nul corps, nul individu ne peut exercer d'autorité qui n'en émane expressément. » La souveraineté n'est plus celle du roi, ni celle de la république comme chez Bodin, mais celle de cette entité encore floue et indéterminée qu'est la nation.

Pourquoi la souveraineté ne résiderait-elle pas dans les individus libres et égaux qui auraient fondé l'État, comme le disaient Hobbes et Locke ? Pourquoi la souveraineté ne reposerait-elle pas sur le peuple ? Pourquoi la nation, d'où émane toute souveraineté, devrait-elle avoir comme finalité la liberté de l'individu ? Les concepteurs de la Déclaration des droits de l'homme ne répondent pas à ces questions, se contentant de juxtaposer la défense des libertés de l'individu et l'affirmation de la souveraineté de la nation.

Edmund Burke, redoutable ennemi de la Révolution française et père de la pensée conservatrice, définit la nation, en s'inspirant de Montesquieu, et l'oppose aux valeurs de liberté et d'égalité. Or les révolutionnaires français, au nom d'une conception abstraite de la nation, de la liberté et de l'égalité de l'individu, saccagent ce qui faisait le cœur de la nation française : la royauté, la noblesse et l'Église. Burke oppose donc à la Révolution française la « glorieuse » révolution anglaise de 1688 qu'il réinterprète d'ailleurs de façon conservatrice. La révolution anglaise n'aurait pas transféré au Parlement la souveraineté du roi et, encore moins, n'aurait reposé, comme le laisse entendre Locke, sur la volonté du peuple. Le remplacement de Jacques II par Guillaume III d'Orange (1650-1702) aurait simplement sanctionné le non-respect par le premier du contrat primitif et historique liant toutes les parties de la nation anglaise. 1688 n'a rien innové : 1688 restaure les libertés anglaises du passé, l'esprit de la nation anglaise telle qu'elle s'est constituée historiquement.

Le roi ne tient pas le pouvoir du peuple. Le roi anglais fait partie intégrante du Parlement dont le pouvoir ne repose pas sur la souveraineté populaire. La Révolution française transfère la souveraineté du roi à une nation abstraite, tandis qu'en Angleterre le pouvoir héréditaire du roi fait que le peuple ne peut ni ne veut déposer un roi et encore moins supprimer la monarchie. La Chambre des lords partage le pouvoir avec la Chambre des communes et avec le monarque. La représentation à la Chambre des lords ne repose que sur la propriété et la distinction héréditaires de la noblesse. La Chambre des communes, élue non par le peuple, mais par une minorité de la population, est constituée par des nobles et des *gentlemen,* par ce que Burke considère comme une aristocratie naturelle. Le député, élu par la minorité riche de la population d'un comté, représente les intérêts de l'ensemble de la nation, n'est le mandataire de personne et est encore moins contrôlé par le peuple dont il doit, au contraire, brider les appétits inconstants et indisciplinés. La religion est, pour Burke, le fondement de l'union sociale : elle est le premier des préjugés, celui qui renferme la sagesse la plus profonde, car la plus ancienne, contrairement à la raison des philosophes des Lumières.

Nous avons ainsi deux visions de la nation : celle de la Révolution française qui renvoie à un projet politique et à un idéal, et l'autre, celle de Burke, qui renvoie à l'histoire. Mais toutes deux transcendent la réalité sociale existante. Dans la première, la nation prend la place du Dieu chrétien, dont le roi était le représentant depuis l'influent Bossuet (1627-1704). Chez Burke, la nation, qui englobe les institutions royales et religieuses, acquiert une force symbolique nouvelle : le Parlement, dont le roi fait partie, serait le représentant, non de la volonté inconstante des électeurs, mais de celle de la nation.

SENTIMENT NATIONAL ET DÉMOCRATIE

Plus tard, John Stuart Mill, grand défenseur des libertés de l'individu, cherche à tenir compte de la nation, même s'il se révèle incapable de concilier théoriquement et rigoureusement la liberté de l'individu avec la souveraineté de la nation. Mill, le libéral, doit reconnaître la nation qui devient, à partir du XIXᵉ siècle, le fondement symbolique incontournable de tout État, que celui-ci soit historiquement à l'origine de la nation ou qu'il soit créé au nom de celle-ci. Mill, comme plus tard Max Weber, fonde la nation, non pas sur des intérêts partagés, mais sur le *sentiment* des membres d'appartenir à une même communauté : « La nationalité est une portion de l'humanité unie par des sentiments d'amitié, sentiments qui n'existent pas entre elle et d'autres peuples, qui suscitent en son sein une coopération qu'elle ne retrouve pas spontanément avec d'autres peuples et qui lui font désirer vivre sous un même gouvernement, exclusivement dirigé par elle-même ou une partie d'elle-même. » Les causes de ce sentiment national sont diverses (une identité de race ou d'origine, une communauté de langue ou de religion, des frontières naturelles et, surtout, une mémoire politique commune) et aucune d'entre elles n'est déterminante, comme le révèlent les exemples différents de la Suisse (formée de quatre peuples de cultures et de langues différentes), de l'Allemagne (où l'origine ethnique définit l'appartenance à la nation) et de la France (où la citoyenneté est déterminante).

Le sentiment d'appartenir à une même nation conduit naturellement les membres de celle-ci à s'unir sous un seul et même État, quelle que soit la façon dont cette nation est définie. Mill affirme cependant qu'un État démocratique est quasiment impossible dans un pays formé de différentes nationalités, celles-ci suscitant habituellement des sentiments différents d'appartenance. Comment constituer une opinion publique commune, essentielle à l'exercice de la démocratie représentative, si le peuple, divisé par les sentiments, l'est en plus par les langues? Chaque nationalité aura ses propres leaders, ses propres journaux et sa propre opinion publique; chaque incident et chaque action seront interprétés comme favorisant une nationalité ou l'autre. L'État, la politique, sera l'enjeu de nationalités animées par des sentiments de méfiance, de rivalité et de haine.

Une des conditions favorisant la démocratie est la coïncidence des frontières de l'État avec celles d'une nationalité. Il y a cependant deux exceptions à cette règle générale. D'abord dans certains pays, les nationalités sont si entremêlées localement qu'il est pratiquement impossible de les séparer politiquement: mieux vaut donc qu'elles demeurent sous un même État. Deuxième exception: certaines nationalités, plus arriérées historiquement, ont avantage à être assimilées par une nationalité plus cultivée et plus civilisée, comme le serait l'Angleterre dont est originaire Mill, afin de partager avec les membres de celle-ci, et sur une base égalitaire, les mêmes privilèges de citoyen et le même prestige d'être membre à part entière d'une puissance respectée. Mill aurait pu donner comme exemple le peuple canadien-français qui, selon son ami, le libéral lord Durham, devrait, pour son propre bien-être, s'assimiler au peuple canadien-anglais. Mill donne plutôt comme exemple les Bretons assimilés par la nation française et les Écossais, par la nation anglaise. Les Irlandais n'ont pas suivi l'exemple écossais: Mill estime que, même s'ils sont assez nombreux pour vivre politiquement indépendants, ils auraient imité les Écossais s'ils n'avaient pas été si atrocement gouvernés. Pour Mill, tout ce qui tend à l'assimilation des nations moins civilisées par celles qui le seraient davantage constitue un progrès, en favorisant l'unité du genre humain et son enrichissement par le métissage.

La fédération d'États marque aussi un progrès en élargissant la coopération et en renforçant les petits États face aux grands. Trois conditions sont toutefois requises : les populations des différents États, désirant se fédérer, doivent partager une même sympathie, quelle que soit l'origine de celle-ci ; aucun État de la fédération ne doit être assez fort pour se défendre seul face à une agression extérieure ; une trop grande inégalité de forces ne doit pas exister entre les États constituants. Enfin, ces trois conditions en requièrent, selon Mill, une autre dans le type de fédération – le meilleur – où le citoyen doit obéir aux deux paliers de gouvernement : les juridictions de chacun doivent être clairement délimitées et un arbitre indépendant doit juger de tout conflit d'interprétation.

John Stuart Mill, comme les autres penseurs libéraux du XIXe siècle, ne remet pas en question la compatibilité de la liberté de l'individu avec la souveraineté de la nation. Cela va de soi depuis la Déclaration des droits de l'homme de la Révolution française. Le massacre de millions d'individus, au nom de la nation, durant les deux grandes guerres du XXe siècle, soulèvera des interrogations sur cette prétendue compatibilité. Aussi des penseurs libéraux contemporains, dont le Canadien Will Kymlicka, œuvreront-ils à fonder conceptuellement le lien entre liberté individuelle et appartenance nationale.

SOUVERAINETÉ DE LA NATION ET LIBERTÉ DE L'INDIVIDU

Kymlicka s'inspire du penseur américain John Rawls. Celui-ci part de la conception libérale de l'individu, comme être libre et égal, apte à définir lui-même ce qui est bon dans la vie. Rawls, en libéral conséquent, défend la neutralité face aux diverses conceptions particulières de ce qu'est la vie bonne ou, comme diraient les Anciens, du bonheur. Tout en refusant de hiérarchiser les diverses conceptions de celui-ci, Rawls affirme, en suivant une procédure rigoureuse, que la théorie libérale exige l'équité dans la distribution des biens primaires, c'est-à-dire des biens généralement requis pour qu'un individu puisse lui-même définir ses projets de vie et poursuivre leur réalisation. La justice, comme équité, repose sur trois principes qui, dans l'ordre, sont : 1. une répartition égale parmi les individus des libertés fondamentales (liberté de conscience et de pensée, liberté de parole et d'association, *habeas corpus*, droit de propriété personnelle, droit de vote et d'éligibilité aux élections) ; 2. les chances les plus égales pour tous d'accès aux diverses fonctions et postes ; et 3. une répartition des autres biens primaires (pouvoirs, richesse, prérogatives et reconnaissance sociale attachés à ces fonctions ou positions) qui maximiserait la part qui revient aux plus défavorisés.

Will Kymlicka adhère fondamentalement à la démarche de Rawls, tout en lui reprochant d'ignorer, comme bien essentiel, la communauté culturelle par laquelle chaque individu est socialisé. La liberté de l'individu, son identité et sa capacité de définir un projet de vie signifiant sont étroitement reliées à la communauté culturelle dans laquelle il est né et a grandi, et qui devient un pôle de références lui permettant de choisir sa vie. L'individu, privé d'un tel contexte culturel stable et sécurisant, voit ses capacités d'autodétermination s'affaiblir. Comment un individu peut-il définir ce qui est bon pour lui, s'il est coupé d'une structure culturelle riche, stable et stimulante, qui lui offre des valeurs et des options qu'il peut examiner, puis accepter ou rejeter en totalité ou en partie, et en toute connaissance de cause? Il faut défendre et protéger, contre certaines menaces extérieures, les cultures nationales (langue, patrimoine culturel, histoire nationale) tout en s'abstenant d'orienter les préférences des citoyens par des interventions sur le contenu culturel (religion, morale, goûts et préférences). Kymlicka rejette donc tout fondamentalisme culturel qui irait à l'encontre de l'objectif poursuivi par sa défense des communautés culturelles : offrir à l'individu un cadre culturel lui permettant de choisir sa vie.

Au Québec, Daniel Jacques soutient, avec une argumentation différente, des positions philosophiques proches de celles de Kymlicka. L'individu, dit-il, malgré la valeur d'égalité qui provient du christianisme (tout homme est égal devant Dieu) et la notion d'humanité promue dans la modernité (nous sommes tous égaux devant la souffrance et la mort), ne peut accéder à un univers politique unifié mondialement. L'individu, pour réaliser sa liberté, a besoin de se reconnaître comme individu différent. Or l'individu ne peut mettre de l'ordre dans les identifications multiples auxquelles il est convoqué qu'en assumant la singularité commune qu'il partage avec des membres d'une communauté, qui se reconnaissent dans une même langue, une même histoire et une même culture. La nation répondrait ainsi à un besoin humain fondamental de clôture sociale : l'individu, pour assumer politiquement son humanité, doit reconnaître sa particularité nationale. La nation, dans la mesure où elle s'insère dans des structures politiques démocratiques, est ainsi le meilleur garant de l'intégrité et de la liberté individuelles.

La Nation (*natio*) a ainsi remplacé la patrie (*pater*). La citoyenneté est l'attribut de l'individu déterminé par son lieu de naissance et non plus par celui de son père. Ce lieu n'est plus indifférencié, comme l'était celui du père, mais celui de l'État circonscrit par des lois qui entretiennent des « rapports nécessaires » (Montesquieu) avec un espace déterminé.

Nous avons jusqu'ici observé comment la nation émerge pour représenter la souveraineté, au nom de laquelle s'exercera le pouvoir politique, et dans quelle mesure cette nation est compatible avec la liberté et l'égalité des individus. Nous allons maintenant examiner comment, à partir du XVIIᵉ siècle et de Hobbes, les rapports entre États sont pensés et comment, à partir de la Révolution française, ces mêmes rapports sont transfigurés en relations inter-*nationales*.

LES RELATIONS INTERNATIONALES

L'État, dont la souveraineté est absolue, indivisible et inaliénable, est créé, dit Hobbes, par des individus libres et égaux qui transfèrent tout leur pouvoir à l'État, en vue d'assurer la paix à l'intérieur et leur unité contre les ennemis extérieurs. L'État devient ainsi « une personne unique », jouissant de la force et des ressources de tous les individus réunis.

Les relations entre républiques demeurent, dit Hobbes, sous l'emprise de l'état de nature. Chaque État, animé par la soif de pouvoir, est un ennemi virtuel, utilisant la ruse ou la force dans sa lutte pour s'imposer face aux autres puissances. La crainte de la destruction pousse des républiques à signer des pactes de paix entre elles ou d'union face à d'autres républiques. Mais en l'absence d'un «super-État» qui aurait conquis par la force les autres républiques et aux mains duquel les autres républiques auraient renoncé à leurs droits, aucune loi naturelle ne peut prévaloir au niveau mondial. Les ententes interétatiques ne peuvent supprimer l'état de guerre latent des relations entre républiques, l'incertitude inhérente aux périodes de paix. Entre républiques, également souveraines, il ne peut y avoir de paix durable, ni de confiance mutuelle. La guerre est l'horizon indépassable des relations entre États.

Spinoza reprend les positions de Hobbes qu'il reformule à la lumière de sa propre problématique. Un État est indépendant dans la mesure où cette indépendance dépend de lui-même. Il est dépendant s'il craint la puissance d'un autre État ou si sa prospérité ou son agir dépend de la volonté d'un autre État. Deux États peuvent s'allier pour accroître leur puissance. Mais aucun ne voulant renoncer à son indépendance, cette alliance ne dure que le temps où l'un et l'autre en tirent bénéfice. Les relations entre États ne sont donc pas dictées par la sagesse ou la justice, mais par des rapports de force et de ruse.

Emmanuel Kant, qui reprend, lui aussi, de Hobbes sa description de l'état de nature, cherche à dépasser l'état de guerre entre États, en proposant une union fédérale des républiques qui assurerait une paix perpétuelle. Le droit entre États est, dit-il, un droit de guerre qui dicte à quelles conditions un État peut déclarer la guerre, comment il doit la conduire et comment les États peuvent y mettre fin par la signature d'un contrat déterminant les conditions de paix. Les guerres, qui mènent à ces contrats, à ces paix temporaires, devraient plutôt conduire à un nouveau contrat assurant la paix perpétuelle. La façon la plus naturelle de réaliser une paix perpétuelle serait d'imiter la voie suivie au sein d'une république, où la paix entre sujets dépend de la loi appuyée par la contrainte de l'État. La paix mondiale devrait donc reposer sur la loi et la contrainte d'un État qui rassemblerait progressivement tous les peuples de la terre. Mais les peuples, divisés par la langue et la religion, ne veulent pas d'un État mondial. De plus, le respect des sujets pour les lois s'affaiblirait avec l'extension de l'État : celui-ci deviendrait, au détriment des libertés républicaines, de plus en plus despotique, despotisme qui engendrerait à son tour l'anarchie. À la place de « l'idée positive », mais irréalisable, d'une république mondiale, Kant propose « l'équivalent négatif d'une *alliance* permanente » des républiques libres en vue de la paix perpétuelle, d'une fédération d'États libres et distincts, qui ne serait donc pas un État fédéré. Mais Kant ne nous dit pas comment une telle fédération serait possible sans un pouvoir de coercition qui assurerait le respect par chaque État du droit à la paix.

Hegel balaie les préoccupations pacifistes de Kant et unit indissolublement dans l'histoire nation et État. Pour qu'une nation puisse accéder à l'histoire, il faut qu'elle s'organise en État. Or, s'inspirant de Montesquieu, Hegel affirme que la constitution d'un État dépend des mœurs, des coutumes, du degré de culture et de conscience d'un peuple, le type d'État n'étant que la manifestation de l'esprit d'une nation à une période déterminée. L'esprit d'une nation a donc une histoire qui est, elle-même, dépendante de l'histoire des autres nations avec qui elle entre en relation et en conflit.

La dialectique du maître et de l'esclave révèle que la liberté ne s'affirme vraiment que dans le risque de perdre sa vie. Ce principe est vrai pour l'individu et pour la nation. La paix réduit souvent l'individu à ses propriétés, à ses particularités et le chosifie tandis que la guerre brise ses liens de sécurité, de dépendance et le remet en mouvement. Par le courage, manifestation du patriotisme durant une guerre, l'individu sacrifie sa propre liberté à celle de la nation : il renonce à son propre jugement et se soumet à l'obéissance, tout en agissant avec la plus grande intensité et la plus grande détermination. Sa haine s'adresse à la nation ennemie et non à des individus particuliers qui demeurent impersonnels et indifférenciés, la guerre n'opposant ni des individus, ni des familles, mais des nations.

Les guerres, en supprimant les querelles intestines, en unifiant la nation face à l'ennemi, sont également utiles pour renforcer le peuple. De toutes façons, elles sont inévitables, étant la seule façon de régler un conflit entre États lorsqu'un accord devient impossible. Les relations internationales sont des relations entre États indépendants. Tout droit international est un devoir-être à la merci de la volonté de chaque État, car il n'existe aucun tribunal supérieur, aucune instance supérieure ayant la puissance nécessaire pour punir les dérogations. Il faut donc distinguer le droit international, pure injonction morale, du droit interne à chaque État qui repose sur l'usage d'une force publique. Kant erre donc en imaginant qu'une fédération d'États pourrait entraîner une paix perpétuelle.

Et puis, l'indépendance est le bien suprême de l'État. Il n'y a pas de loi naturelle qui détermine la justice dans les relations internationales; la distinction des scolastiques entre guerres justes et guerres injustes n'a aucun sens; l'espoir de Kant que la Providence finirait par prévaloir dans l'histoire serait un vœu pieux. La guerre naît entre les États quand ils jugent inconciliables leurs intérêts et leurs droits respectifs. Les droits et les intérêts d'un État sont aussi valables que ceux d'un autre : la guerre, en les rendant inégaux, décidera quel droit prévaudra.

Karl Marx remplace la lutte des États-nations de Hegel par la lutte de classes, y voyant le moteur de l'histoire. Cet espoir s'effondre en 1914 lorsque les partis prolétariens subordonnent leurs intérêts de classe à la défense de la nation. S'effondre aussi l'espoir de penseurs libéraux qui croyaient que le développement du marché, rendant improductives les guerres qui avaient jusqu'alors été des guerres de rapine, supprimerait la nécessité de la guerre. Restent face à face des États-nations qui n'ont en commun que la poursuite de leur propre puissance.

Toutes les réflexions des auteurs que nous avons retenus sur les relations internationales sont européocentristes. On le voit clairement lorsqu'ils abordent les rapports entre les pays européens, « civilisés », et les autres. John Stuart Mill en est un bon exemple. Regardant le monde du point de vue de la Grande-Bretagne, il distingue dans l'empire colonial trois cas de nationalités : les colonies dont la civilisation est égale à celle de l'Europe, les colonies qui lui sont inférieures et les petites colonies dont l'utilité est militaire.

Certaines colonies, comme le Canada, ont une population dont le degré de civilisation est semblable à celui de l'Angleterre. La Grande-Bretagne, dit Mill, a heureusement accepté, à la suite de la rébellion de 1837-1838, la principale recommandation du rapport de lord Durham et a concédé au Canada la responsabilité gouvernementale des affaires intérieures. L'inégalité demeure toutefois au niveau des affaires extérieures, le Canada étant lié, sans devoir être consulté, par les déclarations de guerre de l'Angleterre. Mill affirme que le Canada ne devrait pas être contraint de participer financièrement à un acte de guerre qu'il ne partage pas, sauf pour défendre ses propres frontières contre l'invasion. Mill soutient que cette union minimale entre la Grande-Bretagne et le Canada devrait être maintenue volontairement par les deux parties, car elle constitue un pas vers la coopération entre nations et la paix universelle.

Cependant, il y a les colonies qui, comme l'Inde, sont, dit Mill, fort éloignées de l'état de civilisation de l'Europe et sont incapables de se gouverner démocratiquement. Les différences d'habitudes, de mentalités et de religions rendent ces colonies difficilement gouvernables par des étrangers qui, surtout s'ils dépendent trop directement des gouvernements anglais, vont être portés à suivre, au détriment des véritables intérêts de la population autochtone, les conseils de ceux qui peuvent influencer l'opinion publique anglaise : les colons ou, encore, les propres oppresseurs de cette population. Afin de maintenir une distance face aux intérêts étroits des colons ou des classes dirigeantes autochtones et pour contrer l'ignorance du lointain gouvernement anglais, Mill défend une administration autonome formée d'experts : le développement d'une colonie comme l'Inde, son cheminement vers la civilisation dépendraient dans une grande mesure, selon le paternaliste et technocratique Mill, des qualités et des capacités des agents gouvernementaux d'une administration autonome.

Enfin, troisième et dernier cas, les petits établissements coloniaux qui, comme Gibraltar, ont une fonction strictement militaire. Les autochtones de ces colonies ne peuvent participer au gouvernement du lieu qui relève de l'armée britannique. Ils doivent cependant jouir de toutes les libertés, y compris les libertés municipales, compatibles avec le statut militaire de l'établissement. Afin de compenser leur exclusion du pouvoir politique du pays, ils devraient pouvoir être admis dans toutes les parties de l'empire avec des droits égaux à ceux des gens qui y vivent.

Quoi qu'il en soit, le XXe siècle a vu les peuples de ces colonies, souvent dirigés par des élites formées dans les métropoles impériales, se soulever et conquérir leur indépendance. Ces luttes de décolonisation ont obtenu, pour des motifs différents, l'appui des pays communistes et des États-Unis. Les premiers, inspirés par Lénine (1870-1924), espéraient que ces luttes de libération nationale affaibliraient le capitalisme et l'impérialisme, relayant ainsi une classe ouvrière européenne de plus en plus intégrée. Les seconds, au nom du droit des peuples à disposer d'eux-mêmes, estimaient que la disparition des barrières tarifaires imposées par les différents empires ouvrirait la porte des marchés coloniaux aux entreprises américaines.

Le XXe siècle a donc été celui où les peuples non européens ont accédé au concert ou à la cacophonie des nations.

L'AVENIR DE L'ÉTAT-NATION

La présente mondialisation de l'économie, à laquelle participent bon gré mal gré les États, supprime peu à peu les pouvoirs de régulation que s'étaient donnés les États pour conjuguer, du moins dans les pays industrialisés, développement économique et développement social. Cet affaiblissement de l'État diminuera-t-il le pouvoir d'attraction de la nation ou, par compensation, contribuera-t-il à accroître son pouvoir symbolique? Les sociétés industrialisées, impuissantes à se reproduire, font de plus en plus appel à des immigrants provenant de cultures préindustrielles et dont la religion est parfois autre que judéo-chrétienne. Quels seront les effets, dans les pays du centre, d'une société de moins en moins homogène, de plus en plus multiculturelle et pluriconfessionnelle, sur le projet unificateur de la nation? Le XXIe siècle, à travers la confusion et des conflits prévisibles, répondra à ces questions.

IX

LA RELIGION, AFFAIRE PRIVÉE

Quelles ques soient nos réflexions sur les fondements culturels de notre monde, il faut finalement faire place à l'importance du sentiment religieux. Le neuvième et dernier chapitre étudie la privatisation de la religion.

Comme on le sait, l'empire romain a conquis militairement la Grèce, mais a été, en grande partie, acculturé par cette dernière. Cette acculturation s'est exprimée entre autres dans le rapport au sacré, la plupart des dieux romains n'étant que la transposition en langue latine des dieux grecs.

L'empire romain a fait habituellement bon ménage avec la religion des peuples qu'il conquérait. La religion romaine n'était pas exclusive : elle pouvait facilement intégrer à son panthéon les dieux des peuples conquis. La religion juive, dont les disciples du Christ constituaient à l'origine l'un des courants, a joui, elle, d'une reconnaissance privilégiée (*religio licita*). Les juifs seront par ailleurs persécutés lorsqu'ils se soulèveront contre l'occupation romaine, ce dont ils ne se priveront pas. Les chrétiens respecteront l'ordre politique romain. Ils seront parfois persécutés, tout particulièrement autour de 250 et entre 303 et 305 parce que, s'adonnant au prosélytisme au sein de l'empire et ne respectant pas, à l'instar des juifs, le culte des Romains pour les dieux et pour un empereur divinisé, ils sont, à certaines périodes, perçus comme des gens subversifs qui s'attaquent à l'ordre symbolique romain.

Comment les chrétiens réussissent-ils peu à peu à s'affranchir de la religion juive, puis à conquérir de l'intérieur l'empire romain? Il faut partir de là pour comprendre d'où vient le monde actuel.

L'AVÈNEMENT DU CHRISTIANISME

Juif de Palestine, né peu avant ce que nous appelons l'ère chrétienne, Jésus, reconnu d'abord pour ses dons de prêcheur et de guérisseur, fut crucifié vers l'an 30. Cet être extraordinaire a suscité tant de paroles et d'écrits qu'il est bien difficile de reconstituer sa vie et de savoir comment il a pu inspirer une religion qui a façonné le monde. Le résumé et l'interprétation que je vais présenter s'inspirent des études d'Étienne Trocmé.

Jésus se perçoit comme l'émissaire de Dieu sur terre. Il s'agit d'un Dieu dont il se sent éminemment proche, même s'il reconnaît, comme tous les juifs, son caractère transcendant. Jésus exerce en Galilée ses dons de prédication et de thaumaturge durant une période qui va de dix-huit mois à trois ans. Il annonce la venue prochaine du «Royaume de Dieu», ce qui est de nature à inquiéter les tenants du statu quo. Plus encore, il intervient dans la vie quotidienne du peuple juif. Par exemple, sa colère, à Jérusalem, contre les marchands qui exercent leurs activités sur les parvis du Temple, augmente son prestige auprès du peuple et suscite la méfiance des dirigeants du Temple et de l'occupation romaine.

Peu après cet incident, Jésus sera arrêté par les gardes du Temple, interrogé par les juges juifs et remis à l'autorité romaine, qui le condamnera à mourir sur la croix pour atteinte à l'ordre public. Effondrés par la mort de leur maître, voyant s'évanouir le Règne de Dieu dont il était l'annonciateur, ceux des disciples qui n'ont pas été arrêtés alors se dispersent et se cachent.

Des femmes proches de Jésus, se rendant prier à son tombeau, le découvrent vide. Dans les mois ou les années qui suivent, en divers endroits, Jésus, ressuscité, apparaît à des individus, à des groupes, comme les douze apôtres, et même à une assemblée.

De la vie et de la mort de Jésus naît un nouveau courant religieux qui vient prendre place à côté des quatre grands courants de la religion juive : les sadducéens, qui regroupent les familles sacerdotales exerçant leurs fonctions au sein du Temple ; les esséniens qui, scandalisés des privilèges et des compromissions des sadducéens, s'étaient retirés au désert ; les pharisiens qui, à défaut de rendre praticable socialement la Loi mosaïque, insistent sur la Loi morale de la Torah ; enfin, les zélotes, sorte d'armée clandestine de libération religieuse qui lutte contre l'occupation romaine.

Les témoins des apparitions du Ressuscité vivent les événements comme s'ils en recevaient la mission d'annoncer le retour imminent du Christ et, avec lui, du Règne de Dieu tant attendu. L'Église de Jérusalem naît alors sous la direction de Pierre, l'un des douze apôtres, et de Jacques, le propre frère de Jésus. Peu à peu celui-ci, reconnu pour sa grande piété, devient, pour diverses raisons, le chef incontesté de la nouvelle Église tandis que Pierre en sera le missionnaire auprès des juifs de la diaspora. L'autorité de Jacques est toutefois contestée par Saül de Tarse, Paul de son nom romain, un ancien zélote semble-t-il, qui par la suite d'une révélation sur le chemin de Damas se convertit à la nouvelle religion.

Malgré des compromis et des tentatives d'accommodement, Jacques persiste à défendre la séparation des chrétiens d'origine juive des chrétiens d'origine païenne. Parmi ces derniers, seuls ceux qui se rallient totalement à la Loi mosaïque, dont une exigence fondamentale est la circoncision, peuvent être membres de la communauté juive chrétienne. Paul juge ces contraintes incompatibles avec la vie nouvelle qu'apporte le Christ, dont le message doit prédominer sur tout autre. Dans son activité missionnaire, Paul insiste sur deux idées : 1. la libération de l'esclavage du mal pour tous ceux qui se convertissent et sont baptisés; et 2. la nécessité d'une vie communautaire par laquelle l'Esprit saint peut se manifester auprès de chaque croyant, indépendamment de son origine sociale, ethnique ou religieuse.

Les trois grands dirigeants chrétiens disparaissent dans les années soixante. Jacques, en 62 ou 69, est lapidé ou lynché à l'instigation de dirigeants religieux de Jérusalem qui l'accusent de ne pas respecter la Loi mosaïque. Pierre est supplicié à Rome, en 63 ou, plus probablement, en 64, lors du massacre des chrétiens ordonné par Néron, qui fait de ceux-ci les boucs émissaires de l'incendie de Rome. Paul, sans doute accusé de subversion, est condamné à mort en 63 et exécuté peu après, à moins qu'il n'ait péri, lui aussi, durant la grande persécution de Néron.

Autre événement considérable : la destruction du Temple de Jérusalem qui était le centre de la religion juive. Financé par les juifs de la diaspora, il était un lieu de pèlerinage, à l'occasion des grandes fêtes, et un lieu près duquel aimaient être enterrés les juifs, avec l'espoir d'être parmi les premiers lors de la résurrection des morts. Or quand, en l'an 70, les zélotes organisent un soulèvement contre l'armée romaine, l'autorité impériale réagit en détruisant le Temple. Privés de ce lieu fondamental, les juifs, éparpillés autour de leurs multiples synagogues, sont alors réunifiés par les pharisiens, qui imposent des règles d'unité, maudissent les *minim*, les hérétiques, dont évidemment les disciples du Christ, et demandent leur exclusion. C'est la naissance de ce que l'on nomme, depuis lors, le judaïsme.

À la fin du Ier siècle, la séparation entre juifs et disciples du Christ semble complète. De nouvelles rébellions de juifs contre les occupants romains, en 115-117, puis en 132-135, auxquels refusent de participer les disciples du Christ, renforcent cette rupture. Et si la nature et l'identité de Jésus (Christ, Fils de Dieu, Fils de l'Homme, Maître…) n'était pas assurée au Ier siècle, la reconnaissance de la nature divine du Christ mettra fin à toute possibilité de réconciliation. La radicalité de la transcendance du Dieu juif ne pouvait s'accommoder d'un Christ à la fois divin et humain, transcendant et immanent.

À l'orée du IIe siècle, les disciples du Christ, ne comprenant que quelques dizaines de milliers de croyants, ne font pas le poids, face aux millions de juifs, presque tous ralliés au pharisianisme, qui se regroupent autour de leurs synagogues, dans les empires romain et parthe. Le renouveau chrétien surgira des Églises pauliniennes, même si Paul est mort à Rome, quelque cinquante ans plus tôt, abandonné par l'Église chrétienne de Jérusalem, coupé des églises qu'il avait fondées et sans grand soutien des chrétiens romains.

LA CONVERSION DE L'EMPIRE ROMAIN

Comment a pu se faire la conversion inouïe de l'empire romain ? On n'aura pas ici la prétention de tout expliquer, mais plutôt de poser quelques jalons pour une meilleure compréhension. On se souviendra d'abord que l'empire romain a dominé le monde pendant plusieurs siècles, grâce à ses capacités militaires, administratives (dont le droit est un des éléments) et architecturales (la construction des routes rendant possible le redéploiement rapide de l'armée), mais n'a pas produit, et c'est paradoxal, une culture autonome, les fondements de sa vision du monde étant fortement influencés par la philosophie, la religion, la poésie, la sculpture… grecques. Et lorsque cette culture gréco-romaine entre en crise, et au fur et à mesure que cette crise s'approfondit, il arrive que la religion chrétienne – qui se pense, de plus en plus, grâce aux concepts développés par la pensée grecque – se répand. La religion du Christ émerge au milieu de multiples sectes et religions à mystère, et prend la place laissée vacante par la décomposition de la culture gréco-romaine. Le stoïcisme, qui définissait l'aspiration morale des Romains, a bien évidemment favorisé cette transition.

Les stoïciens défendaient un Dieu providence qui animait, de l'intérieur, l'ensemble de l'univers, tout en se manifestant sous la forme de plusieurs dieux ; les chrétiens croient en un Dieu transcendant, qui est aussi trois personnes (le Père, le Saint Esprit et le Christ, ce dernier ayant, de plus, la particularité d'être à la fois transcendant et immanent) et dont la providence se manifeste dans tout l'univers. Les stoïciens soutenaient l'immortalité de l'âme de chacun dans la mesure où, à la mort du corps, l'âme va rejoindre Dieu et s'y fusionner, l'âme ne constituant qu'une partie de celui-ci ; les chrétiens croient en l'immortalité de l'âme individuelle et se distinguent ainsi des Grecs. Le stoïcisme affirmait que tous les hommes ont la même nature ; les chrétiens, se démarquant de leurs confrères juifs qui réduisent le prochain aux membres de leur communauté, étendent le prochain à tous les êtres humains, qu'ils font le vœu d'aimer. Le stoïcisme définissait une morale accessible seulement aux rares sages ; les disciples du Christ étonnent les Romains, en pratiquant, dans des communautés – qui regroupent des esclaves et des riches, des simples et des sages, etc. – une morale aussi exigeante que celle des stoïciens, mais en substituant à l'idéal de la froide raison, l'amour du Dieu incarné dans le Christ.

L'esprit communautaire chrétien est donc très fort. La pénitence est publique, et le pécheur doit démontrer devant toute la communauté son repentir. Comme les juifs, l'excommunication d'un fidèle entraîne son expulsion, non seulement de l'Église, mais aussi de la communauté. Au parvis de l'église se retrouvent les pauvres et les malheureux (les infirmes, les malades et les vieux sans famille) auxquels les chrétiens doivent faire l'aumône.

En outre, les chrétiens ne sont pas démunis. Dès les débuts, Paul et les autres missionnaires tiennent, comme Jésus d'ailleurs, leurs réunions dans des demeures de sympathisants riches, capables de recevoir un certain nombre de personnes. Si le christianisme affirme que tous les êtres humains sont égaux devant Dieu, ici-bas, il respecte les hiérarchies sociales, dont le rapport maître/esclave, y compris au sein de l'Église. *Rendons à César ce qui appartient à César* : par ce principe, le christianisme se soumet à l'ordre établi, demandant en échange de pouvoir rendre publiquement hommage à son Dieu. Aussi les persécutions des Romains contre les chrétiens ont-elles été, malgré ce que la mémoire collective en a retenu, peu fréquentes et très localisées dans le temps et dans l'espace.

Autre élément déterminant du succès chrétien : les chrétiens des premiers siècles croient, comme les Témoins de Jéhovah d'aujourd'hui, que la fin du monde et le Règne de Dieu sont proches. De plus, par la croyance en l'immortalité de l'âme, chacun est appelé, soit à la béatitude éternelle, soit au supplice également éternel. Cette croyance en l'immortalité de l'âme individuelle et l'imminence du Jugement dernier rendent intense la vie quotidienne de chaque croyant.

En 312, Constantin appuie du poids de l'État le christianisme – qui était devenu un courant religieux important dans les villes de l'empire – en le légitimant et en l'institutionnalisant à côté de la religion traditionnelle romaine. Le christianisme entre ainsi dans l'histoire.

ÉCROULEMENT DE L'EMPIRE, MAINTIEN, PUIS DÉCLIN DU CHRISTIANISME

Lorsque saint Augustin meurt en 430, le christianisme domine l'espace urbain en Occident comme en Orient, et Augustin, en ayant fait l'exégèse des textes de saint Paul, a déterminé les bases de la théologie chrétienne, du moins occidentale.

Évidemment, le christianisme, du Ve au XVIe siècle, subira de profondes mutations et traversera bien des crises. L'Église réussira, du moins en Occident, à maintenir son unité, en utilisant les moyens de l'État pour réprimer les mouvements sociaux dont la subversion ne pouvait s'exprimer que sous une forme religieuse, hérétique ou schismatique. Le grand schisme entre christianisme oriental et christianisme occidental sera possible dans la mesure où il recoupera la séparation entre l'empire romain d'Occident, définitivement démantelé en 476, et l'empire romain d'Orient (Byzance), qui perdurera jusqu'en 1453.

Au XVIe siècle, Martin Luther, critiquant l'Église et prônant un retour à saint Augustin qu'il réinterprète, est excommunié. Il réussit alors ce que personne n'avait réalisé en Occident : fonder une nouvelle Église chrétienne. Comment cela est-il alors possible ? Luther, rejeté hors de l'Église, reçoit la protection de Frédéric de Saxe (1463-1525), se sépare du communiste Münzer (1489-1525) et prend le parti des princes contre les paysans qui se révoltent, même s'il critique les premiers. Depuis le XIe siècle, l'Occident chrétien est animé par les luttes de prédominance entre le pouvoir papal et le pouvoir politique des princes. Ce sont d'ailleurs les princes qui décideront, dès le début du schisme, quelle sera la religion de leur pays, la division de l'Europe entre catholiques et réformistes regroupant, en grande partie, leurs prises de position.

Cette division de la chrétienté occidentale marque le début de son déclin. Aux XVIe et XVIIe siècles, presque tous les Occidentaux sont fermement chrétiens, et les interrogations sur le christianisme se font à l'intérieur de la foi chrétienne. Mais dès cette époque, la vertu de la tolérance est proposée et on commence peu à peu à différencier la foi religieuse, qui relèverait de la vie privée, de la sphère publique. L'idée de communauté politique et religieuse, qui avait marqué les siècles précédents, est donc remise en question. Les philosophes des Lumières du XVIIIe siècle combattent la religion, perçue comme source de superstitions et de guerres civiles, et lui opposent la raison. Ce courant rationaliste se maintient au XIXe siècle, quoique plusieurs penseurs y défendent la religion, comme pourvoyeuse de sens et parce qu'elle est utile au maintien du lien social. Au début du XXe siècle, deux des principaux fondateurs de la sociologie, Max Weber et Émile Durkheim, constatant la marginalisation du phénomène religieux comme facteur de cohésion sociale, cherchent à en rendre compte. Je retiendrai ici deux explications de

Weber (la rationalisation du phénomène religieux et le développement scientifique) et une de Durkheim (la séparation de la communauté et de la religion) qui, même limitées, sont fort éclairantes.

LA RATIONALISATION DU CHRISTIANISME

Toutes les religions tentent de répondre à la question du sens de l'univers et, à l'intérieur de celui-ci, à la question du sens de la vie humaine. Au cosmos, perçu comme un ensemble ordonné et significatif, correspondra une conduite à laquelle les individus devraient se conformer pour vivre de façon signifiante. Les religions proposent des «voies» de salut qui exigent toutes de l'individu un dépassement des désirs, des passions et des états affectifs primaires, les différentes religions divergeant sur le pourquoi, le comment et l'état affectif précis à surmonter.

La magie, selon Weber, constitue la réponse première et quasi instinctive à ces questions : l'univers est habité par des esprits bénéfiques et maléfiques qu'on peut contraindre à nous servir en utilisant les moyens appropriés. Weber, suivant ici James George Frazer (1854-1941), attribue déjà des éléments de rationalisation aux pratiques magiques, dans la mesure où elles impliquent un degré d'abstraction par rapport aux réalités purement empiriques. La rationalisation s'approfondit lorsque la religion se substitue à la magie et que le destin de l'homme n'est plus déterminé par des pratiques magiques, mais par une conduite conforme au sens de l'univers.

Le judaïsme, dont le grand prophète est Moïse, est au fondement religieux de la rationalisation de l'Occident.

Un Dieu unique se substitue aux esprits magiques et aux dieux multiples des religions polythéistes. Ce Dieu unique est si lointain qu'il ne peut être représenté. À ce Dieu correspond un univers dont le sens provient de son origine divine. Yahvé exige des juifs, le peuple qu'il a choisi et élu, la soumission à un code de conduite morale devant imprégner la vie quotidienne de chacun. Ce mode de comportement, opposé à toute magie (on ne peut commander à Dieu) et, selon Weber, à tout mysticisme (on ne peut communier avec ce qu'on ne peut représenter), est donc hautement rationnel. La généralisation (un seul Dieu remplace toutes les forces spirituelles non humaines), l'abstraction (ce Dieu est hors de portée de nos sens) et l'universalisation (tout vient de Dieu) caractérisent la rationalisation apportée par le monothéisme judaïque.

La morale juive contient un aspect ascétique dans la mesure où elle exige un contrôle vigilant et une très grande maîtrise de soi. Mais elle est, par opposition à la morale chrétienne, anti-ascétique par son éthique sexuelle naturaliste (les plaisirs sexuels n'y sont pas, en soi, condamnables, comme chez saint Augustin) et par sa position à l'égard de la richesse (elle est un don de Dieu et non un obstacle au salut comme dans l'évangile de saint Matthieu).

L'éthique judaïque préconise deux comportements sociaux différents : l'un, tourné vers l'intérieur, qui requiert l'extension de l'assistance fraternelle à l'ensemble de la communauté juive ; l'autre, tourné vers les communautés étrangères, motivé par la recherche du gain. La morale chrétienne, en prônant l'amour universel, dépasse les attitudes morales liées à la famille et à la communauté. Elle est, de plus, ascétique dans la mesure où elle critique les plaisirs sensuels, condamne l'avidité et la cupidité et promeut l'espérance d'un paradis spirituel. Par son universalisme et par son ascétisme, le christianisme favorise davantage la rationalisation que le judaïsme.

Cependant, l'Église catholique, grâce à son système de confession et de pénitence, distribue en permanence une grâce qui, soulageant le pécheur de sa faute, ne l'incite guère à développer une morale rigoureuse et entraîne un niveau éthique peu élevé. C'est, nous l'avons déjà vu, le luthéranisme et surtout l'éthique calviniste qui, à partir du XVIe siècle, auraient mené à terme, et au sein même de la religion chrétienne, le processus de rationalisation. Le développement des sciences apportera ensuite sa contribution.

SCIENCE ET DÉSENCHANTEMENT DU MONDE

La science, développée en Occident, remonte aux Grecs qui sont les premiers, selon Weber, à fonder les mathématiques sur une démonstration rationnelle et à élaborer, à la suite de Socrate, une logique de l'argumentation reposant sur la clarification des concepts. Weber reconnaît que d'autres civilisations possédaient des connaissances mathématiques, logiques et scientifiques, mais la civilisation grecque est celle qui les a formalisées et systématisées de la façon la plus complète. Repris par les penseurs arabes des XIe et XIIe siècles, l'héritage scientifique grec sera transmis à l'Occident, qui le fécondera, grâce au renouveau intellectuel créé par la naissance des universités. La Renaissance ajoute aux connaissances rationnelles des Anciens la méthode expérimentale, ancêtre du laboratoire moderne. Les mathématiques et l'expérimentation ont favorisé les développements scientifiques dont dépendent les utilisations techniques, à la fois nécessaires au capitalisme et encouragées par son émergence.

La science constitue un apport à la vie de chacun. Elle nous donne des méthodes de pensée rigoureuse. Elle contribue à une œuvre de clarté, en montrant les relations nécessaires, dégagées de l'expérience, entre une fin, les moyens requis en vue de cette fin et les conséquences subsidiaires de ce choix. Elle met à notre service des connaissances qui permettent, tant au plan de la nature qu'à celui de l'activité humaine, de contrôler la vie par une certaine prévision. Son progrès continu est indéniable et indéfini.

Ce progrès s'effectue toutefois dans la confrontation avec les représentants de la vérité religieuse. Comment Josué aurait-il pu arrêter le soleil et la lune de tourner autour de la terre (Josué, 10; 12-13) si Copernic a raison? Giordano Bruno est condamné à la prison, puis brûlé vif à Rome en 1600, pour avoir défendu l'héliocentrisme. Galilée est condamné à la prison en 1633 pour la même raison, même s'il abjure Copernic. Descartes s'exile en Hollande, cherche à déjouer les pièges des jésuites et retient la publication de son ouvrage sur la physique pour ne pas être accusé d'hérésie. Pourtant tous ces auteurs sont croyants et chrétiens. Ils pensent tous que les interprétations bibliques devraient tenir compte des nouvelles connaissances, dévoilées par leurs recherches fondées sur l'expérimentation (Francis Bacon) et sur les mathématiques (René Descartes), au lieu d'être jugées et condamnées par des interprétations doctrinales. Au XVIIe siècle, ils adhèrent tous, par souci de protection et comme Descartes, à la vertu de l'«honnête dissimulation» qui consiste à taire une partie de ses propres pensées par amour de la vérité.

Le XVIIIe siècle, le siècle des Lumières, se construit donc, dans l'esprit des philosophes, en réaction à toutes les religions, sources de superstitions, de luttes et de guerres civiles. La raison, la connaissance scientifique et technique, va remplacer la religion et apporter le bonheur à l'humanité. Tout serait en principe maîtrisable par l'homme, y compris sa propre histoire, comme le déclame Hegel au début du XIXᵉ siècle.

Cette vision optimiste de l'histoire de l'humanité sera reprise par Marx, dont les convictions historicistes sont renforcées par les découvertes de Darwin, auxquelles vont longtemps résister les autorités catholiques et protestantes, parce qu'elles ne seraient pas conformes au mythe de la création du monde avec Adam et Ève. L'optimisme des Lumières ne domine cependant plus le XIXᵉ siècle, même s'il y est toujours présent. Le progrès scientifique continue à ce moment de restreindre le champ des croyances traditionnelles en la signification du monde, mais en disant le comment des choses, il demeure incapable d'en dire le pourquoi et de définir un devoir-être. Aussi, à côté de l'État et du pouvoir de l'éducation, des auteurs comme Alexis de Tocqueville vont réhabiliter la religion comme élément de cohésion sociale.

La religion joue toutefois un rôle social de moins en moins important et Émile Durkheim, en montrant le lien qu'a traditionnellement entretenu la religion avec la communauté, nous permet de comprendre les conséquences désastreuses pour la religion de la séparation intervenue entre l'Église et l'État.

LA SÉPARATION DE L'ÉGLISE ET DE L'ÉTAT

La religion est, pour Durkheim, un ensemble de croyances et de rites portant sur le sacré et structurant une communauté. Les rites religieux se distinguent en négatifs et en positifs. Les rites négatifs séparent les êtres, les choses et les occupations dans l'espace (temples et sanctuaires) et dans le temps (jours de fête), en démarquant le sacré du profane. Dans un lieu ou un moment sacré, l'homme doit renoncer aux activités quotidiennes qui satisfont ses besoins et développer, sur cette base, des pratiques ascétiques par lesquelles il sacrifie ses instincts égoïstes à des idéaux moraux. Les rites positifs ont pour objet de faire communiquer les êtres profanes avec les êtres sacrés, en maintenant en vie, non seulement les hommes mais aussi les dieux. Les cultes positifs réaffirment périodiquement l'adhésion au groupe, en liant le présent et le passé et en réveillant en chacun les sentiments provenant des croyances, des traditions et des mythologies communes. Les cultes positifs ont pour objet, en rapprochant les individus, de recréer moralement et spirituellement les croyants et la communauté, en réaffirmant le lien entre le visible et l'invisible, entre les vivants et les morts.

La religion a, pour Durkheim, la fonction essentielle de relier les uns aux autres les croyants, en les unissant en une communauté, en un groupe ayant une même vie. Or les guerres qui déchirent la chrétienté à partir du XVIe siècle ont entraîné, en Occident, une scission profonde entre communauté religieuse et communauté politique. Locke, en fondant théoriquement la séparation entre Églises et État, réduit la religion à une affaire privée, tolérée par la sphère publique pourvu qu'elle se conforme aux lois de l'État. Malgré les croyances profondes de Locke, la Providence, si chère aux stoïciens et aux chrétiens, sera ainsi évacuée de la société et de l'histoire, comme elle l'a été de la nature par le développement des sciences, de la technique et du travail.

La religion n'étant plus une question sociale, mais une question privée, il n'est donc pas étonnant que les deux plus grands chantres modernes de la relation à Dieu, Pascal et Kierkegaard, pensent ce rapport à l'extérieur de la communauté. L'influence des *Confessions* de saint Augustin sur les *Pensées* de Pascal a sans doute masqué cette originalité pascalienne. Pourtant le rapport de saint Augustin à Dieu s'inscrit dans une œuvre toute marquée par les préoccupations communautaires de l'évêque tandis que les *Pensées* méditent sur le rapport de l'individu à Dieu, sans l'intermédiaire obligé de la communauté. Chez Kierkegaard, le délestage de l'individu est plus radical : le rapport à Dieu, tout subjectif, est non seulement pensé hors de la communauté, mais contre la communauté, incapable d'entretenir un quelconque rapport authentique à Dieu.

Durkheim, contre ce qui semble l'interprétation de Weber, affirme pourtant la pérennité du phénomène religieux. La crise morale de la civilisation occidentale résiderait dans le fait que les croyances religieuses anciennes n'ont pas été remplacées par de nouvelles qui rempliraient les mêmes fonctions essentielles. Quelle serait cette nouvelle religion que, dans la lignée de Rousseau, Durkheim appelle ? Quels seraient ses rites négatifs et positifs ? Quelle serait son Église ? Durkheim ne le dit pas. Il affirme cependant qu'au plan de la représentation collective, le culte de la personne humaine est devenu une chose sacrée, une sorte de dieu auquel on doit le respect. Toutefois, le XXe siècle a contrarié la foi et l'espérance de Durkheim, la «divine» nation prenant souvent le pas sur le caractère sacré de la personne humaine.

LA SITUATION PRÉSENTE

Aujourd'hui, dans la plupart des pays industrialisés, la religion n'a plus d'incidence directe sur la vie quotidienne de la majorité de la population. Cette majorité n'est pas pour autant athée : elle croit en Dieu et en la divinité de Jésus, et prie à l'occasion. Elle tient même, quelles que soient les raisons individuelles de ce choix, à marquer les grandes étapes de la vie (les rites de passage) au sein de la tradition chrétienne, au sein de cette communauté chrétienne qui relie les vivants et les morts : la naissance (le baptême), le mariage (à l'église) et la mort (les funérailles religieuses). Pour le reste, elle demeure si étrangère à la vie de l'Église qu'il est bien difficile de distinguer des incroyants les membres de cette majorité.

En fait, les individus de cette majorité combinent ces repères chrétiens avec des éléments d'origine et de nature diverses, pour se «bricoler» un sens de la vie, qui demeure adaptable et remplaçable. Certains sociologues nomment religion cet assemblage de croyances, cette spiritualité bigarrée. Mais ils doivent reconnaître que, hormis la spiritualité, elle n'a rien de commun avec les religions établies, dont les rites, la doctrine et la morale séparaient et liaient, au sein d'une communauté, le sacré et le profane.

En dehors de cette majorité, il existe une minorité qui vit, au sein des religions établies ou à l'intérieur de nouveaux mouvements religieux, une foi qui, comme celle de nos ancêtres, structure la quotidienneté. Cette minorité partage avec la majorité un besoin de spiritualité – dont l'importance se manifeste, entre autres, par l'étendue des rayons de librairie consacrés à ce domaine – mais s'en démarque par sa volonté que la foi informe et imprègne toute la vie.

Enfin, une autre minorité, plus présente chez les jeunes, chez ceux qui n'ont pas vécu au sein d'une société ou communauté religieuse, conduit sa vie sans se préoccuper des questions de sens et de finalité. Athées, les individus de cette minorité sont animés par leurs besoins et leurs désirs, par leurs passions, leurs affections et leurs raisons, sans sentir le besoin de situer leur vie au sein d'un horizon qui la dépasserait.

Tous, hormis ceux de la minorité croyante et militante, poursuivent, au sein de la société marchande, la recherche de leurs intérêts et de leurs plaisirs. Cependant, cet individualisme égoïste est partiellement contrecarré par des valeurs d'origine chrétienne, dont la compassion, fille de la charité. Même les athées sont, sans qu'ils en soient nécessairement conscients, habités par ces valeurs : il suffit de les confronter aux critiques virulentes de Nietzsche contre la morale judéo-chrétienne pour découvrir à quel point ils demeurent imprégnés de cette morale.

Quel est l'avenir de la religion en Occident ? Nous n'en savons rien. Nous savons toutefois que la majorité des hommes ont besoin d'une conception du monde – qu'on peut nommer spiritualité – qui leur permette de donner un sens à tout ce que la raison ne peut expliquer. Nous savons aussi que si le christianisme se meurt dans les pays industrialisés, il est encore très vivant en Amérique latine et en Afrique, et qu'il serait fort présomptueux d'annoncer la mort d'une religion qui entre dans son troisième millénaire.

Charles Taylor
ou l'idéal d'authenticité

Comment conclure sur ces fondements de la modernité, quand on a voulu en montrer les idées-forces ou
clés plutôt que de les juger ? Plutôt que d'y aller d'un
commentaire personnel, je propose d'ouvrir l'horizon de
cette réflexion avec quelques-unes des positions de
Charles Taylor.

Charles Taylor est un penseur moderne : il part de
l'individu, du moi. Mais, on l'a vu, il y a plusieurs façons
de fonder sa réflexion sur le moi ; la modernité a plusieurs
sources. La plus ancienne remonterait à saint Augustin
qui, dans *Les Confessions*, en se penchant sur lui-même,
entre directement en communication avec Dieu. Taylor
reconnaît fort bien que le « père de l'Église », comme presque
tous les Anciens, se situe, malgré ce regard tourné vers
l'intérieur, au sein d'un univers où le tout détermine les
parties, dont les individus eux-mêmes. Toutefois, en s'inspirant d'Étienne Gilson (1884-1978) et en réinterprétant
Les Confessions à la lumière d'un texte de jeunesse du
même auteur, *Le Libre Arbitre*, il peut présenter Augustin
comme le précurseur de tous les modernes, de tous ceux
qui comprennent le monde à partir de soi.

La source dominante de la modernité, contre laquelle
ferraille Taylor, provient de Descartes et de Locke. Le
premier, en séparant et en opposant la pensée à un univers
qui serait pure étendue, objective le monde, le disjoint

du je – qui devient un observateur extérieur – et dépouille le monde de toute force normative par rapport à nous. La nature, dont le corps et ses passions font partie, relève de la raison instrumentale qui l'analyse de manière mécaniste et fonctionnelle, qui dit comment ça fonctionne, en évacuant le pourquoi et la question des finalités. Pour Descartes, nous sommes idéalement de purs esprits : une raison « désengagée », distincte du corps traversé par des sensations, des sentiments, des passions et des émotions, une raison séparée des préjugés de la tradition et de la culture, une raison dégagée de l'opinion d'autrui. L'individu ne connaîtrait, en partant ni de la nature, que lui révéleraient les sens, ni de Dieu qui en serait la source, mais des idées claires, distinctes et ordonnées, par lesquelles il peut reconstruire intellectuellement le monde. Dieu ne vient que garantir, au sein de cet ordre de raisons, la validité de la procédure de connaissances. Les sources de la morale ne sont plus en Dieu, comme chez saint Augustin, ou dans une conformité à la rationalité substantielle du cosmos, comme chez Platon, mais dans l'activité pensante de l'individu, qui fixe les normes au nom desquelles la volonté doit maîtriser les passions du corps, de la même façon que, par ses connaissances, l'homme doit maîtriser la nature, conçue comme une simple mécanique de causes et d'effets. Avec Descartes, le centre de gravité est passé de Dieu à l'individu et d'un ordre ontologique du monde à un ordre construit par la raison procédurale.

Locke pousse ensuite plus loin ce désengagement. Rejetant les idées innées de Descartes, il affirme que nous devons remettre en question toutes les idées qui sont fabriquées spontanément à partir de sensations et de réflexions, idées qui, influencées par la passion, les coutumes et l'éducation, ne reposent sur aucun fondement épistémologique valable. Il faut déconstruire ces idées-synthèses et partir des idées élémentaires de la sensation, de l'expérience et de la réflexion, dont la combinaison par l'intelligence permet de connaître le monde, en le reconstruisant intellectuellement. Locke rejette, pour les mêmes raisons, toutes les théories morales fondées sur un bien substantiel. La morale consiste à suivre nos plaisirs et à fuir les douleurs. La raison doit évaluer les plaisirs et les douleurs pour pouvoir juger, dans le temps, quels sont les objets les plus susceptibles de satisfaire les désirs les plus forts. Chrétien, Locke lie cette morale hédoniste à la loi naturelle – dont l'existence demeure, à mon avis, infondée – qui exigerait de chaque individu le respect de l'autre dans la recherche de son propre plaisir, respect renforcé par Dieu, qui accorde la béatitude éternelle à ceux qui s'y conforment et soumet à la damnation éternelle les récalcitrants.

L'individu, maître de lui-même, pourrait donc juger ses conduites et ses habitudes en fonction du plus grand plaisir recherché et se changer lui-même en fonction de ce jugement. Taylor nomme « moi ponctuel » ce concept selon lequel l'individu n'est nulle part, sinon dans son pouvoir d'objectiver et de refaire soi et le monde.

De ce courant dominant de la modernité proviennent selon lui les trois malaises contemporains.

LES MALAISES CONTEMPORAINS

Le premier malaise de la modernité provient de l'individualisme, de la liberté moderne, de la liberté de s'autodéterminer, sans référence à ce qui transcende la vie individuelle (la communauté, l'univers, Dieu…) et qui lui donne un sens. Cette conception conduit au subjectivisme moral et au relativisme : à chacun sa morale, à chacun sa façon de se réaliser et de s'épanouir, pourvu qu'il tolère celles des autres et qu'il respecte les lois. Détaché des horizons moraux qui structuraient la vie des Anciens, l'individu est renvoyé à la vie privée, animé par des motivations égoïstes et le plus souvent hédonistes. Le repliement sur soi, la *me generation*, le narcissisme généralisé sont trois expressions de ce rétrécissement de la vie, qui s'appauvrit en perdant le souci de l'autre.

Le second malaise se manifeste par la prédominance de la raison instrumentale, qui tend à devenir sa propre fin, contrairement à ce qu'aurait souhaité Bacon (1561-1626), qui donnait aux sciences l'objectif de satisfaire les besoins de l'humanité. L'univers des moyens, de la technique et de la technologie se développe à un point tel que, poursuivant l'efficacité pour l'efficacité, la recherche de la productivité devient une fin en elle-même, subordonnant tout, y compris la satisfaction égoïste des besoins hédonistes de l'individu, à un simple rapport comptable entre coûts et bénéfices. Le développement technologique tend donc à tout transformer en moyens, y compris chaque individu.

La conception du monde comme un réservoir de matières qu'on peut, grâce au progrès des savoirs et des savoir-faire, maîtriser et manipuler de façon de plus en plus efficace, est étroitement liée à celle de l'individu, qui s'autodéfinit et s'autodétermine, grâce à sa propre raison individuelle. L'individualisme et la domination de la raison instrumentale deviennent ainsi les deux faces d'un même processus de désenchantement du monde.

Le troisième et dernier malaise se trouve dans la fragmentation de la société, devant un État de plus en plus bureaucratique et distant. L'État, dans la conception libérale véhiculée par Locke, n'a pour objectif que la défense des droits de l'individu, qui ne se sent donc aucune obligation, aucune responsabilité face à lui : l'État n'est qu'un instrument au service de sa liberté. L'individu, se préoccupant de ses affaires privées, se désintéresse de l'État, devant lequel il se sent nécessairement de plus en plus impuissant, n'y jouant aucun rôle actif.

Pour combattre ces malaises, Charles Taylor s'attache à un courant secondaire de la modernité qui, s'il pouvait exercer son hégémonie sur le courant individualiste-instrumentaliste, permettrait de conserver les acquis de celui-ci (identité du moi comme autodétermination, progrès des savoirs et des savoir-faire, etc.), tout en lui apportant les horizons moraux qui lui manquent. Ce courant entretient avec l'augustinisme des affinités profondes, contrairement au courant dominant. Par souci de brièveté, je nommerai ce courant le romantisme.

LE ROMANTISME

Dans un des chapitres précédents, j'ai montré que depuis Hobbes, et contrairement à Descartes, la plupart des penseurs subordonnent la raison instrumentale aux désirs, à la passion et aux sentiments. Charles Taylor reconnaît parfois ce rapport de finalité, sans lui accorder un caractère essentiel. Il insiste plutôt sur le sentiment moral – dont il fait remonter l'intuition au troisième comte de Shaftesbury (1671-1713) – qu'il oppose à la raison instrumentale.

Shaftesbury affirmait qu'il existe en chacun de nous une affection naturelle, innée, qui nous pousse à aimer notre famille, notre entourage immédiat et, au-delà, l'ensemble de l'humanité. Cette affection naturelle se situe évidemment dans la lignée de la charité chrétienne, de l'*agapè*. La conception de Shaftesbury renouait avec Augustin qui, de l'intérieur, découvrait son amour de

Dieu, tandis que le désir des biens terrestres l'en éloignait. Elle s'en distinguait cependant en renonçant à la grâce qui était, chez Augustin, essentielle pour pouvoir aimer Dieu et son prochain. Chez Shaftesbury, l'affection innée pour l'autre ne requiert pas de support extérieur. (Locke, le fondateur du « moi ponctuel », était le secrétaire particulier du comte de Shaftesbury !)

Francis Hutcheson (1694-1746) développera l'intuition de Shaftesbury, en s'opposant à Hobbes, Locke et tous ceux qui fondent la morale sur le calcul des plaisirs et des douleurs, sur l'intérêt personnel. Pour Hutcheson, chacun est doté d'un sens moral qui l'incite à la bienveillance. Celle-ci concourt au bonheur de l'individu, en s'inscrivant au sein d'un univers dont l'ordre est régi par la Providence. Cette bienveillance est naturelle, spontanée : elle n'est pas déduite, comme conséquence nécessaire, de l'harmonie divine de l'univers. Elle est, dans l'ordre de la morale, première. Chez Hutcheson, le sentiment naturel de l'individu est normatif.

Chez Rousseau, ce sentiment naturel, moral, est la voix de la nature qui, en nous, fait découvrir ce qu'est le bien. Rousseau oppose ce sentiment à la raison des philosophes de son temps, source de scepticisme et de relativisme moral. La conscience, la voix de la nature, qui est innée, permet à chacun de juger infailliblement ce qui est bien ou mal dans ses actions ou celles d'autrui. La conscience est un instinct divin. Rousseau n'insiste cependant pas sur l'origine divine de cette conscience.

La conscience morale ne relève pas de la raison ; elle n'est pas un jugement de la raison ou de l'entendement ; elle est antérieure à la pensée et aux idées ; elle est sentiment. Cet instinct divin, cette conscience morale repose sur les deux sentiments naturels de l'homme : l'amour de soi et la pitié. Toutes les vertus personnelles sont des développements du premier; toutes les vertus sociales sont les conséquences du second.

Or ce sentiment moral, qui s'oppose à la raison désengagée de Descartes et de Locke, va être approfondi par le courant romantique, qui lie la voix intérieure de la nature à la nature extérieure et vierge, dont le spectacle suscite, au plus profond de soi, le sentiment de son harmonie divine.

On ne peut cependant se limiter à s'ouvrir à cette voix intérieure : il faut l'exprimer, l'expliciter; il faut rendre manifeste ce qui est caché. Il y a ici, et particulièrement chez le romantique Herder (1744-1803), l'idée que chaque individu, en réalisant sa nature intérieure, en la *rendant réelle*, définit sa vie. Nous ne pouvons savoir ce qu'est la voix naturelle en nous qu'après l'avoir exprimée et chaque individu doit trouver sa propre manière de l'exprimer, doit trouver sa manière particulière de dire le sentiment universel qui l'habite. Ce faisant, l'individu, dans la conception de Herder, se crée, en se rendant différent et original.

Chez Herder, l'individu, pour se définir, pour réaliser sa différence, doit assumer l'originalité de la culture nationale dans laquelle s'inscrit nécessairement son identité. L'individualisme romantique, contrairement à l'individualisme libéral qui n'entretient que des rapports utilitaires avec la collectivité, reconnaît que l'individu, pour se réaliser, doit assumer l'horizon commun de la langue et de la culture nationales. Chaque individu, dans la détermination de son identité, se forge un récit de sa vie, avec ses échecs et ses réalisations; chaque nation élabore une image de sa genèse et de son développement, une image d'elle-même, dans laquelle s'inscrit le récit de vie de chacun.

L'attitude romantique se démarque ainsi de l'attitude instrumentale qui réduit la nature, en nous et hors de nous, à l'état de simples moyens. Pour Taylor, la société et la nature ont donc une valeur en soi que l'individu, lorsqu'il est à l'écoute de sa voix intérieure, peut reconnaître et exprimer. Dans la perspective *expressiviste* que Taylor soutient, l'expression de ce qui est caché le rend manifeste et, d'une certaine façon, le réalise : « Le fait que le monde est bon ne se sépare pas complètement du fait que nous le percevons et l'exprimons comme bon. »

Ce courant romantique et expressiviste est la source philosophique de la morale de l'authenticité de Charles Taylor.

L'IDÉAL D'AUTHENTICITÉ

L'authenticité est une valeur contemporaine, qui propose à chacun de s'épanouir et de se réaliser, en poursuivant un idéal qui va au-delà de la simple satisfaction des besoins et des désirs. L'idéal moral d'authenticité part donc de soi pour s'ouvrir à des valeurs qui transcendent l'intérêt personnel, le calcul égoïste des plaisirs et des douleurs. L'idéal d'authenticité implique que l'individu discrimine entre le supérieur et l'inférieur, le bien et le mal, le meilleur et le pire et que la validité de cette discrimination renvoie à des normes qui permettent de juger ses propres inclinations et désirs.

Locke, qui fondait la morale sur la recherche des plaisirs et sur la fuite des douleurs, reconnaissait la nécessité de la bienveillance, qui a été une valeur incontestée pour les penseurs libéraux des XVIIᵉ et XVIIIᵉ siècles, même si aucun d'entre eux n'arrivait à déduire rigoureusement la bienveillance de la recherche du plaisir égoïste. Taylor dit qu'il faut tout simplement admettre qu'il y a des biens supérieurs et en discuter.

Je suis authentique dans la mesure où je suis sincère avec moi-même. Je suis sincère si je découvre ce qui est important pour moi, c'est-à-dire l'horizon moral qui me permet de conduire ma vie. Cet idéal de sincérité et d'authenticité exige que je trouve *ma* voie dans la construction de mon identité et dans la manifestation de mon originalité. Ce moi qui se construit requiert une fidélité à soi-même, à son originalité et à son récit de vie, l'individu authentique n'étant la proie ni de ses désirs fluctuants, ni des circonstances changeantes.

L'idéal, pour Taylor, n'est pas la *liberté* de s'autodéterminer, idéal qui valorise la liberté au détriment de ce qui est choisi et pourquoi cela est choisi. Cet idéal, supposant que tout choix de vie se vaut, conduit au relativisme moral. Cet idéal soutient une tolérance, dont le fondement égalitariste implique, non pas un véritable respect de l'autre, mais une indifférence à l'identité de chacun. L'idéal d'authenticité reconnaît, au contraire, qu'au-delà du simple fait de choisir, il y a un horizon de significations qui permet de définir ce que je suis et veux être. Je définis mon identité en me situant par rapport à des questions que je juge importantes, fondamentales et essentielles. Ces questions peuvent être discutées ; on peut débattre des valeurs et de la conformité des pratiques avec ces valeurs ; et des discussions rigoureuses peuvent avoir des conséquences sur chacune de nos vies.

L'AUTHENTICITÉ ET L'AUTRE

Personne ne peut se déterminer de façon indépendante. L'existence humaine est fondamentalement *dialogique*. Pour définir son identité, chaque être humain doit acquérir chez d'autres personnes les différents modes d'expression, dont la langue. Nous sommes initiés à ces langages par des échanges avec nos proches, ceux qui sont les plus importants dans notre formation.

Nous avons besoin des autres, non seulement pour nous accomplir, mais pour définir ce que nous sommes. Notre identité, nos goûts, nos opinions et nos aspirations sont en grande partie modelés par ceux que nous aimons. Ce que je suis est lié à d'où je viens. Toute personne aimée profondément devient un élément de mon identité intérieure. Charles Taylor ne nie pas la nécessité de certaines ruptures : l'authenticité, impliquant l'originalité, peut exiger la révolte contre certaines conventions établies, certaines normes reçues. Taylor s'oppose toutefois à l'idée qu'un individu ne construit son identité qu'en faisant *tabula rasa* de son passé, qu'en rompant brutalement avec sa famille, sa culture, ses traditions... Il critique l'idéal d'une pure autodétermination ; il combat le mythe de Robinson Crusoé.

L'identité est une préoccupation moderne. Il n'y avait pas de problème d'identité dans les temps anciens : chacun était déterminé par sa place et sa fonction au sein de la société, place et fonction elles-mêmes déterminées par son sexe et par son arbre généalogique. Il n'y avait pas non plus de problème de reconnaissance : chacun était le fils ou la fille d'un tel qui provenait de tel lieu. Aujourd'hui, dans les sociétés industrialisées et démocratiques, chacun et chacune sont libres de devenir ce qu'ils veulent, chacun jouit – du moins, en principe – d'une égalité de chances pour faire *sa* vie. La reconnaissance est, elle aussi, une préoccupation moderne, car l'identité ne se construit pas en vase clos. Chacun, pour construire son identité, a besoin que d'autres le reconnaissent comme un être singulier, original.

Ce besoin de reconnaissance se manifeste dans la famille et dans les rapports amoureux. C'est depuis Luther qu'est valorisée la vie ordinaire dans la famille et dans le travail, en opposition avec la tradition chrétienne et aristocratique qui plaçait le noble au-dessus de l'artisan, le clerc au-dessus du laïc, le célibat religieux au-dessus de la vie familiale. Luther affirme qu'il n'y a pas une profession qui est supérieure à une autre, un mode de vie qui en surclasse un autre : c'est la façon dont le chrétien rend grâce à Dieu, dans son travail et son mode de vie, qui est déterminant. Cette position sera reprise par l'idéologie égalitariste issue de Descartes et Locke : chacun est libre de choisir son travail ; chacun est libre de choisir son conjoint.

Taylor reprend à son compte cette valorisation de la vie ordinaire, qui est une des grandeurs de la modernité. Ce ne sont plus les parents qui, d'autorité, déterminent qui épousera qui : le mariage implique dorénavant que deux êtres se reconnaissent et s'aiment dans leur singularité. Taylor voit fort bien que l'individualisme égoïste, fruit aussi de l'idéologie égalitariste, entraîne la rupture de nombreuses familles, malgré l'affection mutuelle des parents et des enfants. Mais, comme Rousseau, il continue d'affirmer que le sentiment amoureux requiert, au-delà des passions et des désirs contingents, un engagement dans le temps, qui permet aux individus concernés de se reconnaître, chacun dans son authenticité. Les rapports amoureux authentiques ne peuvent être conçus, selon Taylor, comme temporaires et interchangeables.

L'ÉTAT, LA NATURE ET DIEU

Par ailleurs, Taylor reprend les arguments de Hegel et de Tocqueville contre la conception libérale de l'État, qui conduit les individus à ne se préoccuper que de leurs intérêts privés au détriment de leurs responsabilités de citoyens. Au-delà de la défense des droits privés et du principe d'égalité, il faut proposer et développer des valeurs communes pour et par lesquelles les individus deviendraient des citoyens actifs, engagés dans la vie politique. L'État doit défendre un bien commun – fondé, par exemple, sur la bienfaisance envers les défavorisés – au lieu d'entretenir, comme dans la conception libérale, une position de neutralité, qui conduit au relativisme moral, exprimé par «à chacun son bien et son bonheur».

L'État ne repose pas sur un mythique contrat social entre individus libres et égaux : il se fonde et s'incarne dans les diverses communautés, dont la nation, définie par sa culture. Taylor ne pense pas que l'État doive nécessairement épouser le contour d'une nation. Il craint les nationalismes qui enferment, sur elles-mêmes, les communautés culturelles, les coupant de ce qu'il y a d'universel en elles, de leur humanité, comme il critique les États qui nient, en leur sein, l'existence de nations. Il s'oppose aussi à tout projet politique qui se construit sur la négation des droits fondamentaux de l'individu. Charles Taylor défend un républicanisme démocratique qui s'incarne dans les communautés, dont une ou des nations, tout en respectant les libertés individuelles.

Taylor partage l'égalitarisme, issu de la Réforme et propagé par les défenseurs de la raison instrumentale, qui valorise le travail et tous ceux qui travaillent contre l'esprit hiérarchique ancien, qui dévalorisait l'*animal laborans* et l'*homo faber* (esclaves, serfs, artisans...) au profit de quelques-uns qui se consacraient à une vie de loisirs (les chevaliers, les penseurs, les clercs...). Il s'objecte toutefois à ce que la finalité du travail soit réduite à l'efficacité, à la productivité et au profit. Il défend des biens supérieurs et la productivité du travail devrait, selon lui, être subordonnée à la satisfaction des besoins vitaux de ceux qui, sur notre planète, sont souffrants. Cette productivité devrait aussi s'inscrire au sein d'un sentiment respectueux de la nature – dont nous sommes une des parties – au lieu d'être intégrée dans une idéologie qui réduit la nature au rang de matière première.

Charles Taylor affirme que la meilleure interprétation de nous-mêmes, l'argumentation la plus libre d'illusion, convainc que la vie humaine a une signification en soi, qu'on ne peut ramener à une simple instrumentalisation, ni réduire à une vie animale et qu'on ne saurait définir en termes de liberté vide et sans contenu. Il lui semble aussi que «les sources morales les plus libres d'illusion» impliquent l'existence d'un Dieu, mais il lui reste, dit-il, à démontrer cela.

La voie ainsi tracée pour sortir des malaises et des misères de la modernité, tout en tenant compte de ses grandeurs, est fragile, incertaine et semée d'embûches. Charles Taylor le sait. Mais ce philosophe de notre temps a l'avantage d'entretenir l'espoir, contrairement à ceux qui cultivent la nostalgie du passé ou qui se complaisent dans les misères de la modernité.

Ainsi se clôt le parcours annoncé. Le lecteur a sans doute perçu mon ambivalence face à la modernité, malgré ma volonté de rester à distance de ce que je décrivais. Pourtant, je ne voudrais pour rien au monde retourner à une société où l'identité de chacun était essentiellement définie de l'extérieur. Je préfère l'éclairage des sciences aux croyances obscurantistes du passé. Je jouis du confort apporté par les technologies modernes, sans aucune nostalgie pour la vie primitive. Mais l'individu ne peut, selon moi, trouver un sens à sa vie en se refermant sur lui-même. Au-delà de la dignité que chacun réclame pour soi et qui exige la reconnaissance de l'autre, au-delà de la sollicitude qu'il éprouve pour ses proches, l'individu doit s'ouvrir à la communauté culturelle qui a rendu possibles ses choix de vie, à l'humanité dont il est membre, à la planète terre qui constitue son environnement et au cosmos dont il ne constitue qu'une particule dérisoire. L'individu libre, reconnaissant ses attaches, se sentira alors responsable.

INDEX
DES NOMS PROPRES

BIBLIOGRAPHIE

Arendt, Hannah, *Condition de l'homme moderne*, Paris, Calmann-Lévy, 1983.

_____, *La Crise de la culture*, Paris, Folio, 1972.

Aristote, *Éthique à Nicomaque*, Paris, GF-Flammarion, 1990.

_____, *Politique*, Paris, Les Belles Lettres, 1968, 1971, 1986 et 1989.

Bacon, Francis, *Novum Organum*, Paris, PUF, 1986.

Bentham, Jeremy, *An Introduction to the Principles of Morals and Legislation*, Londres, The Athlone Press, 1970.

Berlin, Isaiah, *Éloge de la liberté*, Paris, Presses pocket, 1990.

Bodin, Jean, *Les Six Livres de la république*, Paris, Fayard, 1986.

Bossuet, Jacques, *Discours sur l'histoire universelle*, Paris, Garnier-Flammarion, 1966.

Burke, Edmund, *Réflexions sur la révolution de France*, Paris, Hachette, 1989.

Cantarella, Eva, *Selon la nature, l'usage et la loi : la bisexualité dans le monde antique*, Paris, La Découverte, 1991.

Cicéron, *De la république. Des lois*, Paris, Garnier-Flammarion, 1965.

_____, *De la vieillesse. De l'amitié. Des lois*, Paris, Garnier-Flammarion, 1967.

Comte, Auguste, *Cours de philosophie positive*, Paris, Hermann, 1975.

Constant, Benjamin, *Écrits politiques*, Paris, Folio, 1997.

Darwin, Charles, *De l'origine des espèces*, Paris, GF-Flammarion, 1992.

Descartes, René, *Discours de la méthode*, Paris, J'ai lu, 1999.

_____, *Méditations métaphysiques*, Paris, Nathan, 1999.

_____, *Lettre-préface des principes de philosophie*, Paris, Flammarion, 1996.

_____, *Les Passions de l'âme*, Paris, Flammarion, 1996.

Diderot, Denis, *Pensées sur l'interprétation de la nature*, Paris, Vrin, 1983.

_____, *Le Neveu de Rameau*, Paris, Larousse, 1993.

_____, *Jacques le fataliste et son maître*, Paris, Gallimard, 1985.

Dumont, Louis, *Essais sur l'individualisme*, Paris, Seuil, 1983.

Durham, John, *Le rapport Durham*, Montréal, L'Hexagone, 1990.

Durkheim, Émile, *De la division du travail social*, Paris, PUF, 1978.

_____, *Le Suicide*, Paris, Quadridge/PUF, 1993.

_____, *L'Éducation morale*, Paris, PUF, 1963.

_____, *Les Formes élémentaires de la vie religieuse*, Paris, Le livre de poche, 1991.

Épictète, *Manuel*, Paris, Flammarion, 1997.

Épicure, *Lettres et maximes*, Paris, PUF, 1987.

Finley, Moses, *Democracy Ancient and Modern*, Londres, Hogarth Press, 1985.

Foucault, Michel, *Histoire de la folie à l'âge classique*, Paris, Gallimard, 1979.

_____, *Surveiller et punir*, Paris, Gallimard, 1993.

Frazer, James George, *Le Rameau d'or*, Paris, Laffont, 1991.

Freud, Sigmund, *Essais de psychanalyse*, Paris, Payot, 1981.

_____, *Malaise dans la civilisation*, Paris, PUF, 1972.

Galilée, *Dialogue sur les deux grands systèmes du monde*, Paris, Seuil, 1992.

Gauchet, Marcel, *Le Désenchantement du monde*, Paris, Gallimard, 1985.

_____, *La Religion dans la démocratie*, Paris, Gallimard, 1998.

Gilson, Étienne, *Introduction à l'étude de saint Augustin*, Paris, Vrin, 1943.

Hegel, Georg, *Phénoménologie de l'esprit*, Paris, Aubier, 1991.

_____, *Principes de la philosophie du droit*, Paris, Vrin, 1982.

Herder, Johann, *Idées sur la philosophie de l'histoire de l'humanité*, Paris, Presses pocket, 1991.

Hésiode, *Les Travaux et les Jours*, précédés de *La Théogonie*, Paris, Aarléa, 1995.

Hobbes, Thomas, *Le Citoyen*, Paris, GF-Flammarion, 1982.

_____, *Léviathan*, Paris, Sirey, 1971.

Hume, David, *Traité de la nature humaine*, Paris, Aubier, 1966.

Hutcheson, Francis, *Recherche sur l'origine de nos idées de la beauté et de la vertu*, Paris, Vrin, 1991.

Jacques, Daniel, *Nationalité et Modernité*, Montréal, Boréal, 1998.

Kant, Emmanuel, *Idée d'une histoire universelle au point de vue cosmopolitique*, Paris, Bordas, 1988.

_____, *Fondements de la métaphysique*, Paris, Delagrave, 1978.

_____, *Critique de la raison pratique*, Paris, Folio, 1985.

_____, *Théorie et pratique*, Paris, Vrin, 1967.

_____, *Vers la paix perpétuelle*, Paris, GF-Flammarion, 1991.

Kierkegaard, Sören, *Ou bien… ou bien*, Paris, Gallimard, 1943.

_____, *Étapes sur le chemin de la vie*, Paris, Gallimard, 1975.

_____, *Post-scriptum aux miettes philosophiques*, Paris, Gallimard, 1949.

Kymlicka, Will, *Liberalism, Community and Culture*, Oxford, Clarendon Press, 1989.

_____, *Multicultural Citizenship : a Liberal Theory of Minority Rights*, Oxford, Clarendon Press, 1995.

La Boétie, Étienne de, *Discours de la servitude volontaire*, Paris, Mille et une nuits, 1995.

Lénine, *Notes critiques sur la question nationale*, T. 20, *Du droit des nations à disposer d'elles-mêmes*, T. 20 et *L'Impérialisme, stade suprême du capitalisme*, T. 22, Paris, Éditions sociales, 1959.

Locke, John, «Lettre sur la tolérance» dans *Les Libéraux* de Pierre Manent, Paris, Hachette, coll. «Pluriel», 1986, T. 1, p. 69-87.

_____, *Traité du gouvernement civil*, Paris, GF-Flammarion, 1984.

_____, *Essai philosophique concernant l'entendement humain*, Paris, Vrin, 1972.

_____, *Quelques pensées sur l'éducation*, Paris, Vrin, 1966.

_____, «Draft of a Representation Containing a Scheme of Methods for the Employment of the Poor. Proposed by Mr Locke... the 26th October 1697», reproduit dans David Wooton, (dir.), *Political Writings*, Londres, Penguin Books, 1993.

Machiavel, Nicolas, *Le Prince et autres textes*, Paris, Folio, 1980.

Manin, Bernard, *Principes du gouvernement représentatif*, Paris, Flammarion, 1996.

Marc Aurèle, *Les Pensées*, Paris, Les Belles Lettres, 1953.

Marx, Karl, *Manifeste du Parti communiste*, Paris, Messidor/ Éditions sociales, 1986.

Mill, John Stuart, *De la liberté*, Paris, Presses pocket, 1990.

_____, *On Liberty and Other Essays*, Oxford, Oxford University Press, 1991.

_____, *De l'assujettissement des femmes*, Paris, Éd. Avatar, 1992.

Montaigne, Michel de, *Essais*, Paris, PUF, 1965.

Montesquieu, Charles, *De l'esprit des lois*, Paris, GF-Flammarion, 1979.

Nietzsche, Friedrich, *Par-delà bien et mal* dans *Œuvres philosophiques complètes*, T. VII, Gallimard, 1971, p. 15-212.

_____, *La Généalogie de la morale* dans *Œuvres philosophiques complètes*, T. VII, Paris, Gallimard, p. 312-347.

_____, *Crépuscule des idoles* dans *Œuvres philosophiques complètes*, T. VIII, Paris, Gallimard, 1974, p. 57-155.

_____, *L'Antéchrist* dans *Œuvres philosophiques complètes*, T. VIII, Paris, Gallimard, 1974, p. 157-235.

Ovide, *L'Art d'aimer* suivi de *Les Remèdes à l'amour* et *Les Produits de la beauté pour le visage de la femme*, Paris, Le livre de poche classique, 1967.

Pascal, Blaise, *Pensées*, Paris, Bordas, 1991.

Platon, *Charmide, La République et les lois* dans *Œuvres complètes*, Paris, La Pléiade, 1950.

Polanyi, Karl, *La Grande Transformation*, Paris, Gallimard, 1972.

Rawls, John, *Théorie de la justice*, Paris, Seuil, 1987.

_____, *Le Libéralisme politique*, Paris, PUF, 1993.

Romilly, Jacqueline de, *Problèmes de la démocratie grecque*, Paris, Hermann, 1975.

Rosanvallon, Pierre, *Le Sacre du citoyen : Histoire du suffrage universel en France*, Paris, Gallimard, 1992.

Rousseau, Jean-Jacques, *Discours sur l'origine et les fondements de l'inégalité*, Paris, GF-Flammarion, 1971.

_____, *Du contrat social*, Paris, GF-Flammarion, 1992.

_____, *Émile ou De l'éducation*, Paris, GF-Flammarion, 1966.

Saint Augustin, *Le Maître. Le Libre Arbitre*, Paris, Institut d'études augustiniennes, 1993.

_____, *Les Confessions*, Paris, Garnier-Flammarion, 1964.

_____, *La Cité de Dieu*, Paris, Desclée de Brouwer, 1959 et 1960.

_____, «Tractatus adversus Judæos» *in Patrologiæ Cursus Completus*, T. XLII : Sancti Aurelii Augustini Hipponeensis Episcopi *Opera Omnia*, post Lovaniensum Theologorum Recensionem, T. octavus, J.-P. Migne, Bibliothecæ Cleri Universæ, Petit-Montrouge, 1841, p. 51-64.

_____, « Sermo contra Judeœs, Paganos et Arianos », *Appendix* du tome VIII de *Patrologiæ Cursus Completus, op. cit.,* p. 1117-1130.

Saint Thomas d'Aquin, *Somme théologique,* Paris, Cerf, 1985.

Shaftesbury, Anthony, *An Inquiring Concerning Virtue or Merit,* Heidelburg, C. Winter, 1904.

Smith, Adam, *Enquête sur la nature et les causes de la richesse des nations,* Paris, PUF, 1995.

Spinoza, Baruch, *L'Éthique, Traité des autorités théologiques et politiques* et *Traité de l'autorité politique* dans *Œuvres complètes,* Paris, La Pléiade, 1954.

Taylor, Charles, *Les Sources du moi,* Montréal, Boréal, 1998.

_____, *Grandeur et misère de la modernité,* Montréal, Bellarmin, 1992.

_____, « De regimine judæcorum ad ducissam Brabantiæ » dans *De regimine principum,* Rome, Marietti, 1948, p. 99-101.

Tocqueville, Alexis de, *De la démocratie en Amérique* dans *Œuvres complètes,* Paris, Gallimard, 1961.

_____, *L'Ancien Régime et la révolution* dans *Œuvres complètes,* Paris, Gallimard, 1952.

Tönnies, Ferdinand, *Communauté et Société,* Paris, Retz, 1977.

Trocmé, Étienne, *L'Enfance du christianisme,* Paris, Noêsis, 1997.

Voltaire, *Romans et Contes,* Paris, Gallimard, 1992.

Weber, Max, *L'Éthique protestante et l'esprit du capitalisme,* Paris, Plon, 1967.

_____, *Le Savant et le Politique,* Paris, 10/18, 1963.

_____, *Économie et Société,* Paris, Presses pocket, 1995.

REMERCIEMENTS

Merci à mes étudiants, particulièrement Jean-Pierre Couture, Guillaume Dufour et Ève Lamoureux, pour leurs questions et leurs commentaires ;

à Louis Rousseau, du département de sciences religieuses de l'Université du Québec à Montréal, pour ses suggestions et ses remarques sur la question du religieux ;

à mes collègues du département de science politique de la même université, Claude Corbo, Thierry Hentsch et Jean-Guy Prévost, pour leur lecture attentive et critique de mon manuscrit.

TABLE
DES MATIÈRES